读者文摘
精华

（原创励志版）

执梦想之手，
与青春偕老

DUZHE WENZHAI JINGHUA YUANCHUANG
LIZHI BAN
ZHI MENGXIANG ZHI SHOU
YU QINGCHUN XIELAO

玛瑙石◎主编

北京工业大学出版社

图书在版编目(CIP)数据

读者文摘精华：原创励志版.执梦想之手,与青春偕老 / 玛瑙石
主编. — 北京：北京工业大学出版社,2016.11
ISBN 978-7-5639-4935-9

Ⅰ.①读… Ⅱ.①玛… Ⅲ.①文摘—世界 Ⅳ.①Z89

中国版本图书馆 CIP 数据核字(2016)第 236103 号

读者文摘精华(原创励志版)·执梦想之手,与青春偕老

主　　编：玛瑙石
责任编辑：马潇潇
封面设计：壹诺设计
出版发行：北京工业大学出版社
　　　　　(北京市朝阳区平乐园 100 号　邮编：100124)
　　　　　010-67391722(传真)　bgdcbs@sina.com
出 版 人：郝　勇
经销单位：全国各地新华书店
承印单位：三河市兴国印务有限公司
开　　本：880 毫米×1230 毫米　1/32
印　　张：8.75
字　　数：163 千字
版　　次：2016 年 11 月第 1 版
印　　次：2016 年 11 月第 1 次印刷
标准书号：ISBN 978-7-5639-4935-9
定　　价：28.00 元

梦在脚下,不在远方

(代序)

青春,是一道靓丽的风景线,它绚丽多姿、五彩缤纷。

有人感慨青春就像一道闪电,稍纵即逝;有人感慨青春就是一个时代的标杆,记录着一代又一代人的曾经。

在青春的年华里,我们要去做自己想做却又不敢做的事情,要鼓起勇气,充满活力地做一个努力向上、积极进取的自己,如同向日葵那般,向阳花开,正灿烂。

在前行的路上,没有彩排、没有录制,只有现场直播。或许我们会遇到许多无法预知的事情,或许我们不敢迈开自己的脚步,犹豫不决、不懂取舍、害怕尝试、害怕失去、害怕遇见挫折与坎坷。但前行的路上,哪有一帆风顺的? 不同的人,会有不同的格局;不同的人,会造就不同的人生。

正值青春的我们,要做一个有梦想的青年,做一个有追求有奋斗目标的青年,不停止前行的脚步,不放弃追梦的步伐,在最美好的年华里,追逐最美丽的梦想。

梦想一旦开始,我们就踏上了追梦的路程。在追梦的过程中,或许辛苦,或许失意,或许充满坎坷,或许彷徨无助,但请不要放弃,不要停止你前进的步伐,不为放弃找理由,不忘记自己曾经的初心,不被害怕的事情打败。始终相信,没有到不了的明天,没有克服不了的困难,没有战胜不了的自己。

不忘初心,方能始终。青春的路上,追梦的路上,充满了年轻的气息与能量,请不要退缩、不要害怕,坚定信念,树立信心,多一分勇敢,多一分坚强,多一分执着,多一分努力,我想结果总会意想不到地充满惊喜地出现在你的眼前。相信那时,你会明白,原来鲜花会为自己而开,掌声会为自己而响;路是自己走出来的,努力终将换来结果。因为有梦的路上,虽然不平坦,但却有阳光照耀,温暖你我。

这是一本写给那些依然在路上奋斗的年轻人的书。梦想相同,自然兴趣也会相似,本书集结了多位作者对青春、对梦想的追求与回忆,以爱情、亲情、友情的小故事为核心,来诠释在青春的季节里,要敢于追梦、坚持追梦、努力追梦,不让犹豫不决辜负了大好时光,辜负了青春年华,辜负了充满抱负与追求的自己。

本书每一篇内容都源于作者原创,与其说是他们的原创故事,不如说是他们对青春,对梦想的一种纪念方式。内容丰富多彩，篇篇深入人心，让人回味无穷。或温暖，或感人，或真挚，或阳光，或充满正能量，向世间传递着美好与希望。不管你是否正值青春年华，不管你是否仍在追梦的路上，不管你是否彷徨无助，又或是心烦意乱，这本书既可以给人带去希望，也能治愈那些受伤失意的人，就如书中所说：你要去相信，没有到不了的明天。

青春，是一艘刚刚挂好帆布、开启发动机，正准备起航的游轮。在前行的航线上，我们无法预知前方将会发生什么。但我们可以做好拥有一颗强大的内心的准备，待海风呼啸而来之时，我们依然能自信满满，不畏意外突袭，能经得住诋毁、扛得住风雨，然后继续保有向前行进的勇气与动力，尽情抒写青春的旋律，奏响青春的乐章，跳好青春的华尔兹。

青春是歌，梦想是帆，前行的帆少不了青春的歌相伴，帆已扬起，梦已开启，我们在路上，哪怕孤独无助，坎坷诸多，也请不要放弃追逐，不要放弃坚持，要始终相信，终有一天，你的努力与拼搏将战胜一切阻碍，迎来曙光，迎来希望，看到未来。

无法预知的未来并不可怕，只要你心中寄存着希望，怀揣着梦想，就一定能看到光明。哪怕迷失也不要害怕，因为梦想如黑夜中的北斗七星，会正确地指引你前行，引领你去往你该去的地方，那个地方有一个美丽的名字叫：青春的梦想。

　　不要害怕,不要彷徨,迈开你的脚步,鼓起你的勇气,熬过那些难熬的时光,不念过去,不畏将来,做最好的自己,因为最好的你,值得拥有最好的生活。

目 录

第三章　珍惜，是留给彼此最长情的告白

第四章　想做什么就去做吧

第一章

梦在脚下，不在远方

然而，无论是人的外貌、物质条件还是智商，有时候真的就是羡慕不来的。就好比家境，十几亿个人里面，也只有一个王思聪；就好比智商，比牛顿、爱迪生聪明的恐怕也不多，我们普通人的智商，一般就在 90 到 115 之间。有些东西从你打娘胎里出来，就是注定了的。羡慕，是没有用的。

可是，羡慕之心却是不可或缺的。

你只是做了规划，并没有付诸行动

玛瑙石

有规划的人生叫蓝图，没规划的人生叫拼图。然而只做规划却没有规划的人生，叫绘图。

1

大学毕业来临时，很多应届毕业生对社会、对工作、对自己的未来都充满了美好的憧憬，都希望自己的未来是美好的，工作能如自己所愿，为此都大费周折地去上各种跟人生、跟职业生涯有关联的讲座，找名师辅导，规划自己的发展路线，并乐在其中。

曼文是我在一次读书沙龙中结识的朋友，她是一家人生规划工作室的创始人，从事为他人进行人生、职业等各方面的规划的工作，我把她称为职业规划师。

丝路是我圈中好友，她唯一的一个缺点就是：散漫。

她很喜欢慢节奏的生活与工作状态，可现实对她却没有这么好的待遇，以至于参加工作后，她适应不了快节奏、高效率的工作状态，五年的时间里，她连续炒了十个老板的鱿鱼，我由衷地佩服她。

突然有一天她跑到我住的地方，坐在沙发上，一边哭一边说着我完全听不懂的话语。蒙了数小时后，我直奔主题问："你到底怎么了？"

她哭得更加厉害，抽泣道："我被老板炒鱿鱼了。"

听后，我无比惊讶，终于有一个比她更厉害的对手出现了，真好！这样至少可以让她体会到被别人炒鱿鱼的滋味。

看着她哭得梨花带雨的小模样，我没安慰她多久，从冰箱里面拿了一瓶饮料给她，笑着道："你现在有两个选择，一是振作起来重新开始，二是继续散漫颓废下去。"

她突然抬起头，两眼放光，问我可不可以介绍曼文帮她做人生规划。

我爽快地答应了。

2

带着丝路去曼文工作室的时候正值五一，那天正好咨询的人少，这样曼文才得以抽出更多的时间来帮丝路规划人生。

曼文了解完丝路对自己未来的生活、工作、梦想等方面的想法后，看着我摇头道："你的朋友，我无能为力。"

丝路一听，感觉自己好像是被抛弃的孩子一样，没有人能救得了她了，她可怜巴巴地看着我，我看着曼文。

曼文看着我们两人的表情，突然笑了，她说救的希望还是有的，但前提是丝路得自救。丝路一听自己还有救的希望，马上跳出来表态说自己就算上刀山下火海,也一定会赴汤蹈火,全力以赴。

丝路一说起这些整个人就精神了,曼文打量了一会儿,说:"得,就按我的方案进行。"

我以为曼文会立马给丝路做人生的规划路线,正在喝水的我听到曼文的话后,一激动,被水呛得够惨。

曼文不急不慢地道:"从明天起,坚持晨跑一小时。"

丝路与我都震惊了,运动对于丝路而言简直是要命,我随后问曼文还有其他的方案吗,曼文很认真地摇了摇头。

不仅是当事人丝路,连我也觉得不可思议,甚至是无法理解曼文的用意,曼文也不多解释,直接跟丝路说,坚持晨跑一个月后再去见她,那时,她会给丝路最好的人生规划,如果丝路不能坚持,那就免谈。

曼文做事向来有自己的风格,对待不同的人,她会有不同的方式方法。

我不再去揣测曼文的想法,劝丝路按曼文说的去坚持做,丝路终于点头答应了,带上了曼文给她配备的晨跑记录仪。

有的时候,当我们不愿意去改变自己,不愿意去尝试新的挑战时,基本上这人就等同于废物一个。试着改变,试着强迫自己去改变,或许你会收获一个与众不同、精彩的自己。

3

丝路最喜欢看运势,就连晨跑都是选好日子开始的。

那天她留我住她那儿，要我陪她开启人生的第一次晨跑，美其名曰说是为了让我与她共同享受美好的开始。

丝路每天坚持晨跑，这次她是真的在努力改变，她经常跟我说，她还有很多在大学毕业时做的规划没有实现，这一次，她下定了决心，一定要实现。

恰巧这时，我被公司派去出差一个月，回来的那天，丝路为我接风洗尘，庆祝她晨跑满月。

看着丝路神清气爽的样子，我朝她竖起了大拇指，看来晨跑还真有效果。

丝路笑着告诉我，她明白了曼文为什么让她在接受规划前先晨跑一个月，她这样每天早起，已经规范了作息时间。运动真是一个魔法师，神奇地改变了丝路散漫的生活习惯。

再次与丝路来到曼文的工作室时，曼文正在仔细看丝路的人生规划方案，她抬起头看了丝路一眼，满意地点了点头，表示会继续帮助丝路改变她自己。

丝路与我一人一份人生规划书，看着上面的方案，我很满意地点了点头，丝路却有点生气地道："为什么跟我毕业时的人生规划相差那么远？"

曼文看了丝路三秒，就这三秒，丝路有点心虚地低下了头，曼文只说一句话："我帮你规划得再好，倘若你不去执行，就等同于一张废纸，那不叫蓝图，叫绘图。你大学毕业时做的是最美的绘图。"

4

丝路拿着曼文为她量身打造的人生规划方案,起初还干劲十足,扬言她要在一年内实现梦想,努力成为优秀的人。

经过曼文的牵线介绍,丝路找到了一份比较称心的工作,试用三个月的时间里,她特别上进努力,并顺利转正。

可没过多久,丝路突然说这不是她想要的生活,她不应该按照曼文给她的职业规划书去工作。这一次,她果断地又把老板给炒鱿鱼了。

我很不解,也很生气,我觉得她在现实与理想中找不到自己的定位,曼文是从她朋友那里听到此事的,给我打了一个电话:"高不成低不就,喜欢规划,却没有规划的人生的人是最可悲的。"

再次找到丝路时,她又在另一家网购公司做客服经理,我问她工作怎么样,她答:"喜欢。"

我祈祷着她不要再换工作,能够走好人生的每一步,将她的人生好好地经营着,可最终事与愿违,她又托了一朋友,找了一个职业规划师给自己做规划,得出的结论却是她觉得自己不适合在这座城市发展,于是一个人背起背包,去了另一个城市。

最终的结局就是丝路在规划路上,不停地换规划,不停地做规划,并没有去规划。然后,不停地找工作,再换工作,再找工作,如此恶性循环。

有一次我约曼文在咖啡厅喝下午茶，无意间曼文又提到了丝路，她问我丝路的近况，我跟她简单地说了一些，曼文深深地叹了一口气道："她的人生只是做了规划，并没有规划。"

那时我没有去细想这句话的含义，现在仔细回想，真理却蕴含在其中。

在生活中，我们每个人都会对自己的人生有一个美好的憧憬，希望自己成为什么样的人，过上什么样的日子，但往往美好的憧憬会被现实打败，你只有不停地努力，在做好人生规划的蓝图上，努力去踏实地走好每一步，这样你才能把自己的人生规划叫作蓝图。

否则，做一个只会不停做规划，却不去将规划付诸行动的人，是多么的可悲。蓝图绘得非常美好，却不会结合现实努力奋斗的人，只能说你的绘图功底深厚，人生实践能力却非常弱。

相信自己的选择

胡雨唯

> 有些人,总是喜欢用心思细腻来粉饰自己的犹豫不决,他们日日忧心忡忡,眉头紧锁,纵然知道这样做百般不值得,却还是乐此不疲。

在职场流传着这样一句话"金三银四,金九银十",这四个月份是跳槽的最佳时间点,可惜,有很多人还没看到巨浪就被拍死在了"金银"沙滩上。

为了抓住三月的尾巴,尹蕊二月初就开始计划辞职,可是眼看着已经四月底了,她还没离开那个一天骂上八百遍的地方。

每一个人都希望在喜欢的环境里和容易相处的人共事,可是很多时候并不能如愿。我们会遇到不喜欢的人、讨厌的琐事,甚至像《杜拉拉升职记》里的杜拉拉一样要练就金钟罩和铁布衫,但这都是基于一个人有独立意志的前提下。

尹蕊不喜欢现在的公司,也不想每天像戴着面具一样,去应付那些根本不想应付的人。

害怕失业吗? 人一旦下定了决心,纵使前方是万丈深渊也会义无反顾地跳下去,若是犹豫不决,心肝便会像在油锅中煎炸一般。

作为私营咖啡店的合伙人之一，尹蕊完全不必考虑资金问题，一家"尹小姐的店"足够应对支出。用堂姐尹慧的话来说，纵使找不到工作，全身心地投入在咖啡店里，生活也会有滋有味。尹慧不止一次问过她什么时候才能实现离职的豪言壮语，她只能一次次地笑笑了事，算是没有答案的答案。

"尹小姐的店"是两个人合伙在小巷里开的咖啡店，屋子不大却人来人往、生意火爆。最开始租下这间店的时候，两个人冒着很大的风险，毫不犹豫地掏出了所有存款。

"我后来才知道，咱俩当时如果犹豫一两个小时，这间店就要改姓张了。"尹慧不止一次地称赞她们当初的智慧。

"还好你出色发挥了'快准狠'的优势，你都不知道，当时我看你在合同上签字的样子，真像个女超人。"

尹慧的话曾经是尹蕊的骄傲，可自从两年前犯了一个错误后，尹蕊变得步步为营、小心翼翼，生怕一个不小心再次做出令人捶胸顿足的错误决策。这样的状态或许每个人都有过。

"小蕊，你辞职的事到底想好了没有？两个月过去了，金三银四，你可一个尾巴都没抓住！"

"你总催我干吗。"她不悦，"就好像你催我，那些问题就不存在一样。"

"你有什么问题？现在在公司里你不但学不到东西还变成个受气包，我真不明白你在犹豫什么。不过就是辞职而已，不涉及违约金、不涉及项目进度,纵使百般不舍,一咬牙一跺脚,辞了又如何?你又不是找不到下一家!说句难听的,就算找不到好的,普通公司还是可以的吧!"尹慧恨铁不成钢地道,"你什么都好,就是总在不该犹豫的时候乱犹豫!"

清早,咖啡店的座位还没坐满,尹慧和她坐到两人最喜欢的角落里。

房间里的复古风格是尹蕊定的,书架上的每一本书、每一张唱片都是精心挑选的,当时的尹蕊很享受那种选择后的成就感,当一切就位之时,她激动得一夜未眠。

"小蕊,这间咖啡店可以说有你很大的功劳,从下决心签订租赁合同到设计的草图选定,我都那么相信你,因为我一直都知道你是个有主见、会妥善选择的姑娘。"尹慧真诚地夸赞。

没有被社会环境影响很深的时候,人们都觉得自己所做的一切决定均是正确的。就算错了,也会对结果一笑了之,因为年轻,因为涉世未深,更因为年少轻狂。可是慢慢地,我们长大了,经历了更多后,本该向前的脚变得举步维艰,甚至还未迈出步子便想着向后倒退。

咖啡店里有个叫木木的男生,185厘米的个子,一张娃娃脸很完美地遮盖了三十年的年龄。在尹蕊看来,这是个了不起的年轻人,他的人生纵然没有大喜大悲,却也波澜壮阔。

用木木自己的话说:上大学之前根本不知道还会有选择困

难症。他按照家里的安排,走在一条连岔路都不存在的路上。从小学到高中,甚至到后来的择业。

尹蕊眯着眼睛,视线里瘦高的男孩子娴熟地摆弄着咖啡机,在咖啡杯里灵巧地制作图案,醇香的咖啡和焦糖的味道不着痕迹地钻进人们的鼻子里。

他刚来店里的时候,穿着泛黄的白衬衫站在柜台前,指名要见这里的老板。当时尹慧不在,尹蕊以为是来了个闹事的小伙子,没想到他见到自己便鞠躬九十度,说什么也要在这里做服务生。

"我们这里清一色的女服务生,不打算招聘男性,你去别的地方看看吧。"

"这儿是巷子里口碑最好的店,我辞职来这里就是为了从基层做起,将来开一家自己的店!没有工资也可以!苦活累活都可以交给我!"木木有些语无伦次。

那一刻尹蕊以为这是一个急需工作而信口胡言的人,后来她才知道,木木辞职前是个年薪达到了百万的工程师。他辞职来这里只为了圆一个咖啡店小老板的梦想。

"高考那会儿,我想学管理学,但是家里觉得这是个学不到真本事的专业,所以背着我帮我选了计算机专业。接到录取通知书那天我都快疯了,还拒绝去报到,后来还是我爸爸像扭送犯人一样把我押到了学校。"那时木木是这样说的,语气里充满了不甘。

"大二的时候,学校允许报修双学位,家里问我要不要修管理学,而拿到主动权的我却蒙了。"他挠挠头,"那一刻我才知道,能够掌握主动权固然是件难事,而好好行使主动权才是更难的。因为人都喜欢瞻前顾后,说得好听叫权衡利弊,说得实在些就是害怕承受选择带来的后果。"

看着木木忙碌的身影,尹蕊竟有些害臊,她为自己那颗犹豫不决的心和一张满口誓言的嘴而害臊。话随口就能说,真正做起来却难上加难。

门口,打扮漂亮的小孩子牵着妈妈的手,却迟迟不肯迈步。

"又不知道先迈哪一只脚了?"

小孩子重重地点头,满眼的疑惑。目睹此事的人都觉得他是在求取大人的关注,作为孩子来说,先迈哪只脚可能真的是个世纪难题。

"手里的冰淇淋都融化了,你再不做决定,就没得吃咯。"年轻的妈妈并不打算帮他,只是笑着站在门口。

孩子可能有些着急,直愣愣地盯着妈妈手里的冰淇淋,而后像是下定决心一般,果断地迈出左脚。

"妈妈!冰淇淋给我!"

小孩子的背影在尹蕊看来,很像超人,他披上斗篷就能拯救世界。是啊,左脚和右脚先迈哪一只又能怎么样呢?第一步总要踏出去的,犹豫不决不但徒增烦恼,还会带来不必要的损失。

在做决定的时候我们习惯了瞻前顾后,好像不这样做就会一失足成千古恨。为此，我们寝食难安，脾气暴躁，星星之火便可以燎原。

其实我们都忘了，忘了自己心里都住着个无所不能、所向披靡的英雄，他本可以于万军之中斩落上将首级，却总是在关键时刻败下阵来，输给被我们自己埋在心底的那个叫作犹豫的隐形人。

紫霞仙子说：总有一天我心爱的人会脚踏七彩祥云来接我。可是，如果没有坚定的信念，也许英雄来了，仙子却不见了，这又有什么意义呢？

取悦别人是在浪费自己的时间

江丰桃云

愿你明白,生命的丰盈需要自己去填充。把自己的精力用在无谓的事情上,是费力而不讨好的。

1

顾羽第一次见到凯希是在六年级的时候。才见他第一眼,顾羽就发誓要和他做一辈子的朋友,尽管他觉得有些难。

从小,顾羽就活在孤独里。

爸爸再婚后,便不再对他微笑。每天只给他零花钱,不再管他。他和后妈说不上一句话。在学校里,他也没有什么朋友,生活充满了乏味和孤独,直到凯希的出现。

那天,班主任带着一个男生出现在讲台上,说是新来的转校生,希望以后大家多多关照。男生开始自我介绍,轻声细语,纯朴善良的形象便深深刻印在顾羽的心里。

下课后,顾羽径直朝他走去,说想和他做朋友,不知他会不会介意。

如愿地,他们成了很好的朋友。

他们每天一起上学，一起放学。

知道凯希在外租房后，顾羽就常常带他去家里吃饭。有的时候，还从家里拿一些鸡蛋、蔬菜去他那里一起做饭。

两个少年就这样成了形影不离的好朋友。

期中考试成绩出来后，凯希位列全班第一，顾羽却是最后一名。

2

一向爱学习的凯希开始疏远起顾羽来。

他听别人说，顾羽以前是个坏学生，抽烟、逃课、上网是常有的事情，心里不禁产生了看不起他的感觉。

顾羽仍然和以前一样，每天和他说笑话，逗他开心。周末约他一起去郊外游玩。

有一天，老师叫顾羽回答问题。

原本简单的问题，他却吞吞吐吐了半天，胡乱回答一通。于是，老师生气地说起了他曾经的"劣迹"，如不爱读书、抽烟喝酒云云。

冲动的他，拿着书包便走出了教室。

后来，他爸爸被请到了办公室，向老师赔礼道歉后，才了结了此事。

但是，顾羽和凯希的关系从此破裂。

有几次，顾羽鼓起勇气想和凯希打招呼。可凯希总是在看到他的一瞬间,便转移了目光,加快速度迅速消失在他的视线范围内。

顾羽的心碎了,他从小到大就只有凯希这一个朋友。以前,两人可以无话不谈,如今,相见如仇人。

他很想挽回,却又不知从哪里开始。

3

就这样,时间一晃到了小学毕业。

那时,很流行同学间互送笔记本做毕业礼物。

凯希买了三个笔记本,准备送给他想送的人。

当老师宣布送礼时间到后,同学们迅速朝着心目中的那个人跑去。

送出两本后,剩下的那本因为想送的同学生病没有来,他怅然地立在了远处,不知所措。

这时,顾羽微笑地向他走过来,把一本浅绿色封面的笔记本递给他,说:"希,在我心里,你一直是我的好朋友。"

凯希接过本子,没有细想。把没送出的本子打开,擦掉之前写好的名字,随意添加了一些祝福的话语就转送给了他。

顾羽开心地接过本子,脸上笑开了花,道了谢后,走开了。

两年后的一天。凯希翻起箱底的东西,发现了那本笔记本。

看完上面写的话,他泪落如雨。

上面写道:

"希，很高兴你能接受我送给你的这本笔记本。希望它能给你带来幸福，就如同你曾给我带来的幸福一样。"

"你知道吗？我从小就活在孤独里。我妈生下我后就去世了，我爸觉得是我害了她，后来他娶了个阿姨，便不再管我，只是喜欢用钱打发我。"

"认识你，是我最开心的一件事。"

"每天我都想着跟你在一起的美好日子，我上课时想和你说话，下课时想和你去操场上玩，周末想着和你去郊外游逛。"

"他们说得没错，我之前确实有些虚度光阴。我抽烟、喝酒、上网吧。"

"可是，遇上你之后，我都改了。这些不良嗜好我真的都没有了。因为我不想失去你这个好朋友。我甚至找了家教，想提高成绩，想你能看到我好的一面。"

"然而，渐渐地，你还是不理我了。"

"我不怪你，可能是我还不够好，以后我会变好，那时出现在你面前，希望你还能记得我们的约定，做一辈子的好朋友。"

"祝你安好，友，顾羽！"

4

凯希这时才明白，原来每一次顾羽欲说还休的眼神里，包含了那么多深意。他之前逗自己开心，真的是有取悦自己的心思。可由于自己自尊心太强，没有去思量他的苦心，导致伤害了他的心灵,也浪费了他的时间。他应该把时间更多地花在情感的表达和实践上来。

因为,生命的丰盈需要自己去填充。把自己的精力用在无谓的事情上,是一种费力不讨好的事情。

日本作家太宰治在《人间失格》一书里,有这样一句话:胆小鬼连幸福都会害怕,碰到棉花都会受伤,有时还会被幸福所伤。

其实,取悦别人的人就像胆小鬼。没有坚强的内心,他们踩在一条钢丝绳上,以别人为自己生命的平衡点,稍不注意,便会跌入万丈深渊。

如同书中的主人公,他出身贵族,却没有拒绝别人的能力,总是爱表演滑稽动作来取悦他人,只有看到他人的笑容后,才觉得自己有存在感。他因此开始了自我毁灭,被送往疯人院安度过余生,终生烙上疯子的烙印。

5

所以,自我才是最重要的,取悦别人,实属浪费时间。

到了大学,顾羽完全变了一个人。

他想起自己曾经活在凯希的影子里,如小丑般没有尊严。

他开始决定彻底改变自己,去实现自己的梦想。

他大一便当上了班干部,与同学们打成一片,深受同学们的欢迎。大二时当上了系学生会主席,开始在各种比赛中赢得名次。

他梦想着毕业后能当上律师，课余时间常常去图书馆看一整天法学书籍。他在大四时顺利通过了国家司法考试。有律师事务所给他递来了橄榄枝，他感到一种发自内心的幸福。

原来，不去取悦别人，把所有的精力花在追求梦想的路上，是一件快乐无比的事情。

他想到自己还有个梦想没实现，那就是去英国读研究生。他拒绝了律师事务所的工作，开始拼命考雅思，看研究生方面的书籍。

功夫不负有心人，他如愿地考上了英国的一所著名大学，获得了在那里深造的机会。

两年后，他学成回国。

很快，有多家律师事务所给他发来了 OFFER(录用通知)，他选择了一家实力最强的签了合同。

不到一年，他的名声传遍了全城，经他手的案子没有一件是以败局收场的。在法庭上，他用词犀利，三言两语便让对手没了还手的余地。

有人向他请教成功的秘诀，他说，不要把时间浪费在取悦别人的身上，而是把时间用在努力提高自我上，你就离成功不远了。

6

凯希自从小学毕业后，就没再见过顾羽。

他一直记得顾羽在本子上写的话，再见面时，他会变好的。

没想到十五年后,他们见面了。

那天,凯希去法院办事,不小心撞到了人,正要道歉,对方却笑着过来拥抱他。

"凯希,多年不见了哟!"

凯希定睛一看,泪水落下来:"顾羽,你是顾羽吧？没想到真见到你了。"

接着,凯希有些吞吞吐吐地说:"对不起,当年是我不对,莫名其妙地就没理你。"

顾羽笑了笑:"不用道歉,我们是好朋友嘛,再说,如果没有遇到你的话,我也不会实现我的梦想了。"

凯希擦了擦泪水,看着眼前的顾羽,说:"你的律师梦实现了,恭喜你。"

顾羽笑了笑,问道:"那你呢?你的公司梦实现了没有?"凯希也笑了,回道:"还好,我现在开了两家公司,以后你可要当我的法律顾问哦!"

一笑泯恩仇,两人就像什么事也没发生一样,又成了最好的朋友。

只是时间会记得,因为对梦想的坚持,他们成了自己想成为的人。

7

看来,生命中有些事情,需要我们用心去取舍。

尤其在追求梦想的路上，如果你只是一味地去取悦别人，浪费自己的时间，那么，鲜花和掌声将注定与你无缘。相反，你若把所有的时间，都花在追求梦想上，那你终会迎来闪闪发光的明天。

没有人是值得你去讨好的

胡雨唯

每一个人都渴望得到更多的认可和青睐,因此常常本末倒置地去讨好他人,但回首再看曾经的自己时,却发现自己早已面目全非。

每次吃午饭的时候,肖阳的耳朵里都会听到"谄媚"这个词,而配得上这个词的主人公不外乎是伊麒。在大家的眼里,这位是公司里的马屁精鼻祖,似乎人生的宗旨就是使出浑身解数讨得老板的欢心。

"她这样累不累啊?"肖阳不解地问。

"谁累谁知道,反正我觉得,这样习惯性谄媚的人不外乎两种,一是真的养成了习惯,没办法改。"年长一点的晓斌一本正经地放下筷子道,"二就是觉得谄媚能得到什么好处,现学现卖。"

"肖阳,如果有人告诉你讨好老板就能给你升职加薪,你愿意去谄媚吗?"胡旭笑道,"我觉得她不会。"

"你还真了解她。"晓斌接话道,"要是有一天连肖阳都学会溜须拍马、刻意讨好了,怕是所有人就都能熟练地掌握这项技能了。"

"不管怎么说，还是谢谢大家对我的信任。"肖阳直接笑场，"这种技能我还真学不会，每天讨好自己我都忙不过来，哪有时间讨好别人。"

肖阳是一个典型的实力派，外表柔弱，对每个人都展现出友好的笑脸，但想从她嘴里听到一句刻意讨好的话却比登天还难。有人在背后议论，说她这是自私，说话不经过大脑，根本不考虑别人的感受。可她从来都不在乎。

肖阳经常挂在嘴边的话是："与其绞尽脑汁地讨好别人，为什么不努力做好自己该做的事？"

公司刚成立策划组的时候，肖阳是第一个被分到里面的，领导给她的评价是："思维灵活、基本功扎实、就事论事、不会奉承。"

相比之下，同样整天挂着笑脸的伊麒就很喜欢说好听的话，只要老板说的观点她绝对第一个拍手叫好。

有一次开会讨论方案的执行方法，老板一时兴起说出一个只要细想就知道漏洞百出的方法，伊麒讨好地称赞："老板这个想法我觉得真不错，非常能突出主题。"

由于心直口快的肖阳因事缺席，所以会议室里静悄悄的，大家互相看了看，集体缄口。老板心情大好地把这个方案交给伊麒，结果她熬了四个通宵按照老板指示做出方案，执行起来却一塌糊涂，被公司的同事狠狠地嘲笑了一次。

事后听说此事的肖阳虽然也跟着大家笑得前仰后合，但是不知道为什么,那一刻肖阳的眼前浮现出了伊麒熬夜加班的样子,忽然觉得她很可怜。

她真的想不通,人活一世最该讨好的人本该是自己,为什么越来越多的人热衷于讨好别人?肖阳始终相信伊麒不是在呱呱坠地那一刻就注定了是一个"谄媚"的人,一定是有人告诉她这样做会得到一些好处,而她对此坚信不疑才越陷越深。

两个月后,一个消息引爆了办公室——伊麒被辞退了。

"知道为什么吗?"肖阳虽然不喜欢她,但还没有到讨厌的地步。

"老板说她只会拍马屁,没有真本事。"晓斌语气里是掩不住的嘲笑,"让她自诩是谄媚的祖师奶,这次折在自家的绝招里了吧。"

不管别人怎么说,肖阳都想找伊麒谈一谈,只是伊麒先她一步向她发出了邀请。

咖啡厅里,伊麒落魄地缩在角落里,远远看去颓废不堪。肖阳忽然很自责,如果自己当初能在被泼冷水后继续提醒她,或许她就不会有今天的结局。

"肖阳,谢谢你还愿意来见我。"她笑得有些苍白,"我在公司待了两年,却一个朋友都没交上,真是难堪啊。"

"到现在,你还是那么在乎别人的看法,不累吗?"

"咱俩同一天入职,却走上两条完全不同的路。我知道,你们都说我咎由自取,除了讨好别人什么都不会。"伊麒好像没听到她的话，自顾自地坐直身体，双手托起沉重的头，"我进公司的时候也是凭的真本事，笔试第一名的成绩也不是作弊得来的，可是……"

"可是后来你把所有的心思都用在讨好别人上了，反而忘了自己。"

点了两杯黑咖啡后，肖阳从包里掏出一个陶瓷做的晴天娃娃，这是伊麒曾经退回来的。

"这个，我想还是应该给你。"

"我早该听你的。"话还未说完泪便流了下来，伊麒紧紧地抓住肖阳的手，"肖阳，我早该听你的，好好做自己，早该听你的……"

"伊麒，我一直都相信你是个有能力、有思想并且愿意去关心别人的好姑娘，只是你走了一段岔路，现在路断了，再原路返回就好。"肖阳安慰道，"走错路不可怕，可怕的是你始终坚信那条错的路是阳光大道。"

"肖阳，在公司里我帮大家买饭、买水，买了零食分给每一个人，老板的形象我极力地维护，我错了吗？"

这个世上哪有绝对的对与错呢？不过是顺序颠倒、时机不对罢了。肖阳看看她，下定决心要让她明白自己的问题究竟在哪儿。

"伊麒，你没有错，只是顺序不对。"见她不解，肖阳继续道，"你知道每个人都是世界上的独立个体，好比是存折前面的数字

'1',如果这个'1'不在了,后面的'0'又有什么意义?咱们都想让自己能力更加突出、魅力更加强大,目的是什么? 不是让谁谁谁喜欢,而是让自己喜欢。试问,如果你都不喜欢自己,别人又凭什么喜欢你?"

"可是大家都喜欢被捧着、被讨好啊! 你看我说好听话的时候,他们不是也笑得非常开心吗?"她不甘心地为自己辩解。

"谁会捧你一辈子? 你做错事的时候,父母会不会骂你,打你?"见她点头,肖阳继续说,"刻意地讨好会被当作一种敷衍,想想看,不论人们做什么事旁边都有一个固定的人拍手叫好,一次两次别人觉得是鼓励,日久天长,谁还会领情? 每个人都想要一个能说实话的朋友,纵然忠言逆耳,但是却不误事。花言巧语虽然好听,时间久了还是会被嫌弃的。你通宵四天却失败了的策划案不就是个教训吗?"

"那我给他们买饭呢?"

"所以我说你是个很善良的姑娘,只是一旦你的初衷被人看穿,你的善良就会变质。别人会把你的善意当作做戏,甚至干脆把你定性为有目的地接近他的人,这样一来,谁还敢跟你掏心窝子说话? 每天让你买饭的同事也不过是抱着'不用白不用'的想法。"

窗外淅沥地下起小雨,伊麒的眼泪一串串地下落,肖阳把晴天娃娃递给她:"这是你第一次被领导骂时我送你的, 那时候我就说，是金子总会发光。"

伊麒走的时候雨还没有停，但是她脸上却露出了笑容，肖阳相信这件事一定会让她以后不再去刻意地讨好任何人。

"肖阳，我一定会变回那个让自己喜欢的伊麒。"

相比于窗外奔跑的人影，伊麒的步履却很从容，想必脸上挂着那好看的笑容，只是这次不会掺杂着虚假与讨好。

肖阳想起朋友小林，一个相貌平平却非常讨人喜欢的女孩。在她的世界里从来没有"讨好别人"这四个字，就连爱得死去活来的男朋友也没有资格被讨好。她的信条是"我要得到更多人的喜欢和认可，可是最重要的只能是我自己"。

你想要什么,那就勇敢去争取

白枫麟

人的一生,不过是一年 365 天的循环往复,在一去不复返的光阴里,梦想是你送给自己的最好的礼物,它能让你找到人生努力的方向。梦想为帆,勇气为舵,命运之轮已经启航。

亲爱的,不要驻足,你想要什么,就勇敢去争取。

陆勤和周兰同是美术学院大三的学生。

一次偶然的机会,院方安排油画专业的学生为金石滩海滨度假村做彩绘宣传,两人一组,为期两周。于是不同班的她们就这样相遇了。

相比在海滩上嬉水玩乐的游客,烈日下作画的学生们显得很辛苦,他们只好相互吐槽,聊以慰藉。

周兰有些高冷,她一向瞧不起俗气的同学,这位叫陆勤的高个女生正是被她瞧不起的人。不过此时此刻不让周兰发发牢骚的话,她恐怕真要被毒日晒干在海岸了。

聊着聊着,她惊奇地发现陆勤这人蛮有见识的。

傍晚,涛声不绝入耳,落日的余晖为整个海岸镀上了一层金色,远处造型高雅的海滩别墅像一颗颗耀眼的珍珠熠熠生辉。

周兰搁下画笔,痴痴地盯着其中的一栋,满怀忧愁地哀叹一声。

"怎么了?"旁边忙于作画的陆勤问道。

"我有一个梦想,一个很难实现的梦想。"周兰一副"燕雀安知鸿鹄之志"的口吻,说,"算了,说了你也不懂。"

"说来听听。"陆勤投来好奇的目光。

"我想拥有那样的别墅。"周兰指着海岸线上的建筑物,吐着舌头说,"闲暇之日,可以带着家人过来游玩,放松身心,好不惬意。"

她不知道自己为何会对一个认识不满一周的人敞开心扉,这个梦想并非一时兴起,很早以前,她就梦想拥有一栋漂亮的海滨别墅。

可是话一出口,她有点后悔了,生怕遭人嗤笑,丢人现眼。

周兰的心跳加快,她急忙补充道:"在房价飙升的当今,我这是痴人说梦。"

"我觉得这个理想很好呀!"陆勤转而认真地问,"你打算何时拥有它? 五年、十年还是二十年?"

"这个……"周兰一时语塞,抓起画笔,含糊其词地说,"我没考虑过。"

她犯了一个世人都爱犯的毛病,说着没有期限的梦想,做着按部就班的工作,迈着一成不变的步伐。拥有看似忙碌却毫无亮点的人生,却总期盼哪一天被神明眷顾,一步登天,这才叫痴人说梦。

"梦想实现的关键是将其细化、分工,化大为小,化整为零,然后逐一完成。再远大的梦想都是一步一个脚印走出来的,你要相信没有到不了的永远,只有驻足不前的双脚。"陆勤阐述了她的观点。

周兰恍惚间觉得对方的形象变得高大了,可是她要维护自己强烈的自尊心,于是她握紧画笔,决定反击。

"那么你的梦想是什么?"周兰神情淡漠地问。

"我的梦想是五年后拥有自己的设计公司。"陆勤胸有成竹地说。

"设计公司?当老板?可是你学的是油画专业,打算转行吗?"周兰望着这个野心勃勃的乡下女孩,眼中流露出一抹鄙夷的神色。

"实不相瞒,我从大二开始旁听艺术设计专业课,至今有一年多了,开始入门了。"陆勤露出真诚的笑容。

"你打算如何分步实现梦想?"周兰不信问不倒她。

"这个……"陆勤捏着下巴深思了一会儿。

看吧,说起别人来一套一套的,其实是不懂装懂。周兰暗喜,一副看好戏的样子。

"这样说,更便于你理解。"陆勤组织好语言,娓娓道来,"我们要用回放法，把最终目标倒过来考虑。如果第五年要拥有自己的设计公司，那么第四年就要认清自己的潜在客户群，第三年就要有大量的优秀设计稿，第二年必须要打入设计这个圈子，第一年就要搞懂所有设计方面的知识。这就是我的细化与分工。"

周兰彻底愣住了。

同是大三的学生，差距怎么这么大？相比之下，周兰扪心自问：我真的能将自己的梦想细化吗？

忽地，不知从何处吹来一阵海风，使陆勤额前的几绺黑长发掠过脸侧，露出她整张白皙的脸，周兰突然觉得她平淡无奇的五官竟有几分楚楚动人。

有人说人炫耀什么就是缺少什么，事实真是这样吗？如果你不缺少什么，又怎会觉得别人坦诚的话是在炫耀呢？

周兰拍拍陆勤的肩膀，笑了。

不畏浮云遮望眼，只缘身在最高层。一个人的高度不是他出身的高度，而是他思想和行为的高度。寥寥数语，两个女孩自见高低。

大片大片的积雨云覆住了头顶的光线，天一下子暗下来，大滴大滴的雨毫无征兆地砸下来……

夏季的雨就是这样，任性妄为，说来就来。

陆勤连忙收起手稿，拎起画夹，拔腿就跑。而周兰却不为所动，优哉地收拾画具。

陆勤跑了几步,回头喊:"别磨蹭了,还不快跑! 你想变落汤鸡吗? "

"这里离建筑物那么远,跑回去必然也是淋透了,既然结果一样,又何必浪费力气? "周兰理由充分地反问。

她说得没错,陆勤无言以对。

"随便你啦! "陆勤一溜烟儿跑了。

第二天,周兰因为高烧不得不提前回校养病。随后的一周,陆勤独自一人完成了作品。病愈后,周兰觉得不好意思,便邀请陆勤吃了顿饭,她们慢慢变成了朋友。

时间如潺潺流水,一转眼四年过去了。

在第五年的冬天,一个阳光和煦的日子里,陆勤的设计公司在一片爆竹声中开业了。她按照原定计划实现了梦想,由于她在圈内名声远播,找她做设计的人络绎不绝,生意做得风生水起。

周兰毕业后,由于眼高手低,前后换了四五份工作,现在沦落到在婚纱店修片。赶到结婚旺季,她经常加班到深夜,每天过得庸庸碌碌,身心俱疲。

一次大学同学聚会,陆勤作为特邀嘉宾上台演讲,看着举手投足间尽显人生赢家气息的她,周兰感到自惭形秽。

陆勤为大家讲述了一个富含哲理的故事:

某个下雨天,没带伞的两个女孩,一个拔腿就跑,另一个无动于衷。前者问后者为何不跑,后者反问前者为何要跑。终点那么远，跑不跑都会湿透，又为何要花力气跑呢？

后者的话没有错，前者当时没有反驳。现在五年过去了，前者再回头看这个问题，想到了说服后者的理由：

亲爱的朋友，如果我们不是身处一个雨天，而是一片沙漠，周围没有水，你还会做出同样的选择吗？

《肖申克的救赎》里有句经典台词：要么忙着生，要么忙着死。

不跑出去我们何来希望，不跑出去我们何谈未来？

把成败说成顺其自然的人有两种：在成功者嘴里它是一种谦卑，在失败者口中它是一种借口。又有人说，无论我如何选择，得到的结果都是一样的，命运早安排好了。言外之意：我何必去努力追求？主动选择和随波逐流这两种情况所得到的结果从来都不会相同，所以请不要让所谓的"命运"左右你。它是失败者打出来的幌子，请不要让"得之我幸，失之我命"成为失败者的自我救赎。

我未曾见过一个事业成功的人抱怨命运不公，他们之所以成功和命运无关，是他们坚强的意志打败了"命中注定"的厄运。

既然你拥有梦想，为何不调整你的步调去追逐呢？亲爱的，趁我们还年轻，趁我们还输得起，你想要什么，就勇敢去争取。

随着陆勤的深深一鞠躬，下面响起了雷鸣般的掌声，周兰也在卖力鼓掌。

不知不觉，周兰的眼角湿润了，她终于知道这五年来，自己的心里始终不安宁的原因了。原来她一直低着头闭着眼游走于沙漠中，她迷失了，不知道该往哪里走，她失去了方向，因此寸步难行。

止步不前的梦想变成了梦魇，绊住了她，让她跌入深渊。她的心中被孤独和无助填满，望着阴霾的天空，她很想放声大叫。她想改变，她每天为改变现状而陷入焦灼。大概是懒惰的原因，她一边起誓明天就改，一边一天天拖下去。这种看似无风无浪的生活却暗藏杀机，她身上所有的喜悦和开心，都是昙花一现。

她有梦想，却不肯实施。终究辜负了自己，辜负了青春，磨损了光阴，蹉跎了岁月。

正如汪国真所说："既然选择了远方，便只顾风雨兼程。"

第一次，只因我们太年轻、我们茫然无知，所以遭遇打击首战败北，第二次我们定会全力以赴，自己选的路，跪着也要走完。自己要的星星，自己摘下来。

这时，一道阳光射了进来，在地面铺开一道金色光斑，这道阳光也照进了周兰的心坎里，让她重燃斗志。

前进是一种勇气，更是一种态度，一种决定你人生高度的态度。

华灯初上，你是否倍感寂寞

江丰桃云

人的一生中总会有那么一段时光是属于你自己的。在那段时光里，你看不到希望，如同全世界的人都已远离了你一般。静下来，你能听到心跳的声音，觉得无比孤独，无比不甘心。想找人诉说，却始终找不到对象。你只能默默忍受，直至涅槃，直至重生。

电影《这个杀手不太冷》中，小萝莉问大叔："人生总是这么痛苦吗？还是只有小时候是这样？"大叔答："总是如此。"

听到这句话后我瞬间就被大叔折服，而这只是大叔的一句假话。因为，生活不是一成不变的，更不可能永远都是痛苦的。那么，生活会一直都是寂寞的吗？

是，也不是。

1

木嫆高考失利后，选择了上海的一所专科院校就读。在学校里，她开始看各种书籍，也加入了校文学社，期待着自己有一天能写出好文章。她还利用周末的时间兼职了一份家教工作，日子过得充实而快乐。

一天晚上,在我忙着写论文的时候,收到了她发来的微信:宋,我恋爱了,恭喜我吧。想到她一直就是个美人坯子,加上大学谈恋爱本就不是什么稀奇事,我懒洋洋地回了句:"好,恭喜你。不过别忘了要好好念书,多考些证下来!"

她不服气地说现在都上大学了,该好好玩了,她才不愿意去当个书呆子。随后,她把男友的相片发了过来,那是一张青涩却又不失俊俏的脸。他给我的第一印象不错,不禁在心里默默地为他们祝福。

后来很少和她联系,只是偶尔会关注一下她的微信。她的朋友圈不断地更新着,内容不外乎是与男友的各种亲密照。从她的笑容里,我看到了满满的都是幸福。

一年后的某天深夜,我接到她打来的电话。她哭着说和男友分手了,他们在一起根本就是个错误。既然不适合,又怎么还能相处一年呢? 我表示不解,她于是详细说起她的故事来:

"开学不久,寝室的女孩都渐渐地'脱单'了,只有我还是单身。看着她们每天甜蜜蜜地出去再乐滋滋地回来,我心里慢慢地有了羡慕嫉妒。所以,后来尹浩追我的时候,我没有犹豫就答应了。

"当时, 有一米八的高个外加英俊脸庞的他笑嘻嘻地对我说:'做我女朋友吧。'我鬼使神差地就答应了。

"有了他后,日子不再孤单。放学后我们会约好一起去食堂吃饭,周末一起去市里看电影、逛街。像所有恋爱的女生一样,我感到无比的幸福。

"直到一天，在他的手机里我发现了一个女孩的相片。我追问那女孩是谁，他毫不隐瞒地说是他女朋友，两人在一起已有半年，并且在外租着房子，只是我不知道罢了。之前他有叫我去外面租房，当时我没有答应，可能就是因为这个，他去找了别人。"

我安慰她说不必去理会生命中不值得爱的人，以后好好爱自己才是重要的。她听了说："你不知道，分手的时候，他说的最后一句话是：我们每个人生来都是孤独的，每天城市华灯初上时，我就倍感寂寞，可你却不在我身旁。你知道我有多难过吗？所以后来我就找了别人。"

听她这么一说，我突然领悟。也许，爱情的最初是为了缓解寂寞，可最后往往会带来更多的寂寞。

2

不由得想起我的一个表妹，她有一句口头禅：姐，我从来就不知道什么是孤独寂寞。

在她即将去念大学时，我问她会不会谈恋爱。她扬起头很肯定地看着我说不会。我又问她华灯初上时，会不会感到寂寞。

她放下手中的书，认真地对我说："一个人在异地求学，没有家人的陪伴，自然会有感到寂寞的时候。但生命中还有很多美好的事物可用来缓解寂寞，比如看书、摄影、弹钢琴等，所以我不会感到寂寞。"

说得真好！我不禁对她肃然起敬，开始格外关注起她来。一进校，她便加入了学生会，后来成了学生会副主席。同时，她还当上了校记者团编辑部部长。学校宣传网上经常能看到由她撰写的新闻报道。每学期的奖学金名单里也总有她的名字。

假期总不见她回家。原来，她选择了去市里的公司打暑假工，挣取生活费。

她常说，她喜欢挑战自己，希望有一天能有自己的事业，做一个女强人。当别的女生还在寝室逛淘宝、看电影时，她已经在图书馆看起了高难度的书。当别的女生还在和男友浓情蜜意时，她已经在兼职的地方上了很久的班。

大学期间，表妹没让人失望，她获得了许多证书：英语六级、律师Ａ证、注册会计师证等。最后毕业了，当别人都在为找工作忙碌时，她已经顺利地进入了一家律师事务所，从事律师行业。

两年后，她辞去事务所的工作，自己注册了一家公司，还开了一家书店，真的成了一个老板。

3

有一次，表妹说有个帅哥在追他。对方是一个婚庆公司的老板，28岁，有车有房还有存款。

我说那你还等什么，遇上这样的好男人就嫁了呗。她说和那个男的交往后，她发现对方没有以结婚为目的来谈恋爱。那男人说什么世界那么大，想去看看，哪能被婚姻给绑架了呀。我笑了笑,说:"你又不用担心钱包那么小,谁也走不了这个问题。"

表妹没有跟着我笑,反而认真地回答道:"我们还是要找个靠谱的男人才行,绝不可因为寂寞而错爱,也不可因为错爱而寂寞一生。"

的确,生活中有太多的人,因为长时间地活在孤单里,渐渐地降低了择偶标准,爱上一个又一个不该爱的人,到最后自责不已,只能活在悔恨里,独守一生的寂寞。

4

鲁迅说过:不在沉默中灭亡,就在沉默中爆发。其实也可理解为:有的人在寂寞中消亡,而有的人在寂寞中爆发。就像我的好友木嫆,她在寂寞中没有得到她想要的,而我的表妹却在寂寞中爆发,成功地当上了老板。

记得电影《猜火车》里,主人公马克和几个朋友常年在一起鬼混,为了获得失业救济金,他故意在面试中胡乱回答考官的问题。他一直浑浑噩噩地活着,抽烟、喝酒,完全一副问题少年的模样。甚至有一次,他还去超市偷东西被抓至派出所。

父母把他领回家后,他开始反省。他想起自己曾经走过的岁月,那些因为内心寂寞而无所事事的日子过得是多么荒谬。痛定思痛之后,他决定改邪归正,选择到伦敦的一家房地产公司上班,踏入了正常人的生活。

可以说,华灯初上,你是否会倍感寂寞并不重要。你能认清寂寞是什么,以及认清自己当下应该走什么样的路,才是最重要的。有许多人看到别人光鲜了,就羡慕;看到别人取得成功了,就眼红。殊不知,天上从不会白白掉下馅饼,机会也只留给有准备的人。别人之所以成功,那是因为他忍受了漫长的孤独,他的成功是用血泪换来的。迷茫的你,与其抱怨自己的寂寞,何不甩开手,为梦想放手一搏呢?

5

我们在生命的旅程里,总有些情愫无处安放,有些心绪无处发泄。当经历了一些冷暖、一些波折后,更是希望心里的那份悸动能有人倾听,有人懂得。尤其是在华灯初上,夜色弥漫时分。

那些生命里洋溢的笑靥,那些流年里如花开般的日子,会在我们的回忆中永驻。任凭你怎样翻开记忆的画册,寂寞感还是会如凉风般阵阵袭来。

人的一生中总会有那么一段时光是属于你自己的。在那段时光里,你看不到希望,如同全世界的人都远离了你一般。静下来,你能听到心跳的声音,觉得无比孤独,无比不甘心。想找人诉说,却始终找不到对象。你只能默默忍受,直至涅槃,直至重生。

而生活,就像一份惊喜,你永远不知道自己会得到什么。所以,与其在你的寂寞世界里流连,不如与它挥一挥手,为了你的诗和远方,开始做规划吧。毕竟,人因梦想而伟大,因筑梦而踏实。

跳槽是为了追梦还是躲避现状

胡雨唯

如果有一天，你所从事的工作再也勾勒不出梦想的轮廓，何必委曲求全！如果有一天，你活在了别人的口水里，随时面临被淹死的危险，何必苟延残喘！得过且过的日子里，梦想可曾入梦叩响你畏缩的门？这次选择是追梦还是逃避，心知便可，不是吗？

天气晴朗，王佳的心情却沉闷到了极点。前面 50 米处就是公司所在的园区大门，推门而入不远处就是办公大楼。可是不知道为什么，面对这富丽堂皇的建筑，她每一次都有"前方地狱请慎行"的无助，毛骨悚然的感觉使她好似真的要上刀山一般。

这家公司，是她一年前削尖了脑袋才挤进去的，将近 100 个竞争者、四次面试、历时三个月，在接到录用通知书的那一刻，王佳感觉全世界挂的都是彩虹色的旗帜。可是如今，她却除了委屈，还是委屈；除了失望，还是失望。

公司转型，新来的领导并不喜欢她这种不会说好听话的姑娘。新成立的项目组经理也处处排挤她，有时候连打杂的活都不会分给她做。这样持续了一个月，她目送了一位位同事的离开后,终于想到了辞职。

重新整理简历的时候,王佳觉得自己的心脏在剧烈地跳动,她不止一次地问自己:"难道就不能再忍一忍吗?"

键盘上的手指飞速敲击着,她知道,自己能忍,但眼下的情况真的不仅是能和不能的问题,而是要不要的抉择。

想起第一次坐在公司门口的凉亭里时,那天外面还下着雨,连一把雨伞都没有的她是那样执着,人事专员叫到名字的时候她毫不犹豫地冲进大雨里,脸上的笑容那样灿烂。

为什么一定要进这家公司呢? 在放弃了几家公司的同时她不止一次地问过自己, 这里的福利待遇不是最好的, 甚至有些差,为什么自己还要苦苦地等?

是为了心里那点儿遥不可及的梦想吧。

王佳从小就希望自己能成为一名杂志社的主编,为此她不但说服了家里让自己读文科,更风雨无阻地泡在图书馆,每天笔耕不辍,就盼着能距梦想更近一步。

可是现在,杂志社效益不好,转型后她一点发挥的空间都没有,而且自己每天做着打杂的活儿,跟梦想相差十万八千里。别说主编了,就连编辑的工作都变得遥不可及。

但是从小非常在意别人眼光的她还是委曲求全地忍耐着。最终让她下定决心跳槽是因为公司里相处愉快的一个叫张鹭的同事。

"小佳,我看得出你做得并不开心。"吃午饭的时候,张鹭一语中的。

周围的噪声很大,王佳本想假装没有听到,但是她的脑细胞支配着神经,她木讷地抬起头来,眼眶微红。

"上午的事我都替你觉得委屈。"

她点点头。上午项目经理借了个由头将她叫到办公室里劈头盖脸一顿骂。谁都知道,那不过是鸡蛋里挑骨头。可是官大一级压死人,不管她如何辩解,都毫无意义。

"有什么办法呢,徐阳不喜欢我,不论我做什么都是错。"王佳咧咧嘴,"真不知道,公司怎么就转型成这个样子了。"

"老板的决策,投资人选的方向,咱们这些做小工的只能跟着走。"

"可是……"

"可是你走得很累。"

王佳看着这个和自己年纪相仿的同事,感觉好像和平日里那个"老好人"的她并不一样。

"小佳,还记得第一次聊天时我问你,为什么一定要进这个公司,你是怎么说的吗?"

"为了成为主编。"她毫不犹豫地回答。

"你知道你说完这句话后我有多么羡慕你吗?"说着她指了指天花板上的吊灯,"那句话就像一颗光明的种子,落到了我心里。"

"你太夸张了。"王佳不好意思地喝了口汤。

"我是一个从小就没有梦想的人,抱着走一步算一步的想法混过了二十多年。"她自嘲地笑笑,"我知道,你们都觉得我是个老好人,谁也不得罪,更没有什么自己的立场。我承认,因为得过且过嘛。"

"梦想?我现在都不知道在这里还能追求什么梦想了。"王佳深深地吸了一口气,"每天来上班,就好像走向停尸房,毫无生气。"

"你听我说完。"拍拍王佳的肩膀,张鹭继续说,"但是现在我不想再这么混下去了,也不想继续当'老好人'了,我希望自己能像一年前的你那样,张嘴说出自己梦想的时候能够那样的自豪,所以我决定辞职了。"

"辞职和梦想有什么关系?我怎么听不懂了。"

见王佳一脸迷茫,张鹭明白她虽然很聪明,但是有些事喜欢思前想后,给自己徒增很多的负担。

"当然有关系!既然这里不能帮助你离梦想更近一步,那就走呗!去一个能帮你实现梦想的地方。这是多么简单的道理。"

"我有时候真的特别羡慕你。"王佳靠在墙角,面前的餐盒还是满的。

"有什么好羡慕的,我跟你说这些,就是不想看你每天这么不开心。"张鹭放下筷子,挪到她旁边,"王佳,你是个有才华的姑娘,为什么要在这里'熬'呢?"

"不瞒你说,我的简历一周前就做好了,但是我不敢投出去。我害怕一旦有公司让我去面试,问到我为什么要离开这里的时候会觉得我是在逃避,逃避这种我不能把控,也不愿意适应的现状。"

"我发现你这种人就喜欢钻牛角尖。"张鹭好看的眉头紧皱,"什么叫逃避? 你辞职之后跑回家里不敢出门、不敢谈论上班的话题才叫逃避!"

"如果躲开不愿意或者不敢接触的人和事就是逃避,那我现在离开,不就是为了躲开徐阳和正在转型中的公司吗?"

见她有些激动,张鹭赶紧递过纸巾。公司里的人其实都知道,王佳对公司的感情很深,也知道她经常熬夜赶工作,但是,她的缺点就是特别在乎别人的眼光,做事有些缩手缩脚。

"小佳,大家都知道你在这一年里有多努力,可是换一家公司没有你想的那么可怕。有的人跳槽,是为了更高的工资和福利待遇,有的人则是受够了现在的人和事,更有些人就是单纯想换个环境。你如果换个工作,不过是为了继续之前做总编的梦想,你又有什么错? 还记得'世界那么大,我想去看看'吗? 谁又能说那不是一种梦想?"

"我很在乎别人的眼光,你是知道的,我不想让别人说三道四,我受不了那种被指指点点的生活。"

不知道是在发泄委屈还是诉说无助,王佳的眼泪好像决堤一般,越是想止住越是波涛汹涌。

"不过就是个跳槽,不合适就走,你怎么就想那么多呢? 而且,退一万步讲,就算别人不理解你,你自己明白其中的缘由就可以了!你明白自己是为了梦想而跳槽的不就行了,在乎那么多,你是要把自己累死吗?"张鹭有些生气,"王佳,我都愿意为了梦想再努力一次,你却瞻前顾后,在怕什么呢?"

"张鹭,在公司转型的这一个月里,我好像已经不记得自己的梦想了。"王佳的眼睛红肿,她狠狠地吸着鼻子,"每天碌碌无为,真的会消磨我的梦想,真怕有一天我连它的轮廓都勾画不出来。"

张鹭静静地听她的心声,嘈杂的环境似乎为两个倾心相谈的人开辟出了一片净土。

"我一直都害怕别人说我空谈梦想,更害怕自己真的是在拿梦想当作挡箭牌,自己沉迷其中而不自知。"王佳笑笑,"你说得对,那么在乎别人怎么说干吗呢?只要我自己明白跳槽是为了那遥不可及的梦想就够了。"

"是啊,跳槽本来不是什么复杂的事,只要想清楚了就好。别人眼里、嘴里的原因都不重要,毕竟咱们不是为别人而活。"

"谢谢你张鹭,我现在觉得身心非常轻松。"

"我才要谢谢你,是你帮我埋下了一颗梦想的种子。"

鼻尖的饭香刺激着味蕾,两个人把还未凉透的饭菜吃得精光,相视一笑,嘴角挂着的饭粒是那样的俏皮。

当晚,王佳用鼠标一次次地点击"投送简历",她看着相片里的自己,笑得那样灿烂,好似一抹灿烂的朝阳。

总有人过的生活是你期待的明天

白枫麟

这世上,总有人过着你想要的生活,与其羡慕、嫉妒,不如趁早行动起来,迈出你的双脚,把梦想握在手中。

许久不见的大学好友安妮掰着手指向我吐槽:

"哎,你说晓楠幸运得不要不要的。淘宝刚推出那会儿,她啥都不懂,头脑一热开了家网店。本以为她闹腾三个月就得歇菜,万万没想到,十年过去了,她的网店不但入驻天猫商城,居然还开了分店,生意好得令人咋舌。"

我轻呷一口咖啡,瞟了一眼窗外厚重的积雨云,没有妄加评论。

"大饼儿你记得吧,那个脸像圆盘的国经贸男生?他的运气也是杠杠的,这些年炒股赚爆了,在黄金地段购置了几处商铺,光租金就够吃穿好几年。听说他未婚妻在你们集团挺有名的,是个美女秘书,叫华淼,你认识不?"

我眼睛亮了一下,点头。这是个典型的孔雀女配凤凰男的故事。

"话说回来,"安妮继续调侃,"当年大饼儿为了挣三元钱能给同学洗条裤子，现在他随便喝杯蓝山就是几百块，十年光阴，脱胎换骨。如果大饼儿还像读书时那么寒酸，华淼能跟他订婚？"她撇撇嘴继续说道："大三那年，我还匿名送过他一套书呢，早知道就署名了，这样还能拉拢感情，和未来的富豪做朋友。"

我苦笑，安妮真是脑洞大开，这样的点子都想得出。

"咱班的国志也是上帝的宠儿。"安妮叹了一口气，搅动着已变凉的咖啡说，"他和我同一年报考公务员，参考书还是托我买的，他没学几次就考进海关总署，考试运爆棚。听说他快升职当科长了，年纪那么轻，啧啧，真是运气来了没得挡！"

安妮的语气中夹杂着羡慕、嫉妒，但更多的是对现实的妥协和认命。

一声惊雷，雨点纷落，打得玻璃窗噼啪作响，将我脑中的思绪全盘敲乱了。

曾几何时，斗志昂扬的我们徜徉在春光烂漫的校园，那时候我们认为自己无所不能，每个人都是自己的国王。走出象牙塔后的我们像被拔掉翎羽的雄鸡，每日隐秘在刻板的西装中，或繁重、单调的工作中，磨平棱角，失掉个性，变得庸庸碌碌。每每忆起大学时的豪言壮语，不由落魄而笑。

梦想，终变成指缝中的流沙，带走一季繁华。

安妮说我们是站在上帝眼角的人，无论他如何转动眼球都不会发现我们，所以他帮不了我们。只有少数的幸运儿站到了他的面前，于是上帝对他们施予仁慈。

可是安妮，他们真的比你幸运吗？

我们先来说说晓楠吧。

网购刚起步时，很多人抱怀疑态度，不信任虚拟交易。当时国外网购极其普遍，运作相对成熟。晓楠咨询了海外的姑妈，看到了商机。她调研了附近的服装批发市场，将顾客锁定在十八岁到二十五岁的女性，然后在网上注册女装店，做起了服装零售。

网店刚开业时晓楠过着一个蜡烛两头烧的生活，父母认为学业要紧，不赞同她创业，对她进行财政干涉。资金链眼看要断了，晓楠急得像热锅上的蚂蚁，她第一时间想到拉室友入伙，安妮作为她的室友，当然在邀请范围内，可是安妮脑袋摇得像拨浪鼓一般，生怕被拉进商业圈套。后来晓楠在另一位室友的资助下，总算渡过了难关。

安妮那会儿认为老实人要靠勤劳的双手致富，而不是像奸商那样靠投机倒把牟利。那就不要说上帝没给过她机会了。

再说说大饼儿。

他是外省人，家里兄妹众多，生活拮据，考上大学实属不易。家境贫寒的他唯一的念头就是出人头地，因此他读书比谁都刻苦。大饼儿对金融学很感兴趣，经常跑去旁听，可是他没钱买教材。碰巧安妮选修了这门课，她经常逃课逛街，教材对她来说成了摆设。她听说大饼儿的身世后，深感同情，于是将教材匿名送给了他。

可是安妮不知道,他后来之所以能够靠炒股赚那么多,全托那份教材的福。这事是大饼儿的未婚妻华淼告诉我的,她和我在集团年会上遇见过,我们聊得很投机。当她得知我与大饼儿是校友后,她对我格外热情。有次提到大饼儿炒股的秘诀,她爆料说当年赠书人让他学习更有动力了,他怕辜负别人的好意。

我听完后当场愣住了。这真是有心栽花花不开,无心插柳柳成荫。

大饼儿在房价飙升之前,动用自己的第一桶金投资商铺,而没有选择低利息的储蓄,这点证明他具备投资眼光,我们不能把成功轻描淡写地归功到运气上。

还有国志。他当年和安妮一起报考公务员,他托安妮帮他买参考书,安妮问了店员,店员说这参考书口碑不错,于是她自己也买了一份。备考期间,国志经常秉烛夜读,过了熄灯时间,他点着小台灯继续奋战。那时候的安妮在干吗呢?整日看韩剧,没事刷微博。可是她为何觉得国志和她一样没用功呢?那是因为她在校外碰见过国志几次,她理所当然地认为国志同她一样将时间浪费在玩上面。

国志成功光环的背后是数不清的汗水,安妮只看到他最光鲜的外表,却没看到他不为人知的付出。

上面三个人的成功,安妮都有参与,他们当初处于同一起跑线，上帝的天平从来没有偏向谁，他同样给了安妮三次机会，可是她没能珍惜任何一次。如果她当年答应晓楠入伙，也许她如今也身价过百万；如果她当年不逃课专心听讲，也许她也能在股市大展身手；如果她当年好好复习备考，也许如今也是国家公职人员。

总有人过着你期待的生活，而你在面对风险、面对努力、面对付出时，却犹豫不前，始终不敢跨出那一步。试问不积跬步何以至千里？

安妮嘟着嘴说自己的工作很累又没有上升空间，她想离职，却又怕运气不够好，找不到更加合适的工作，只能得过且过。

安妮使我想到一则寓言故事。

从前，某个村庄发大水了，别人都逃走了，有个虔诚的教徒坚决不走。

当水漫过他小腿的时候，邻居劝他快走，那男人一动不动，坚定不移地说："我不走，我是虔诚的教徒，上帝一定会来救我的。"邻居无奈一个人走了。

当水涨到腰部的时候，朋友划着木筏喊他上船，他面不改色地说："我不走，我是虔诚的教徒，上帝肯定会来救我的。"朋友摇摇头划走了。

洪水漫到脖子了，他眼看快不能呼吸了。这时候一架直升机飞过，机上人员放下扶梯，让他爬上来。那个男人抹了一把脸上的水，艰难地说："我不走，我是虔诚的教徒，上帝马上会来救我的。"直升机没办法只好飞走了。

最后可想而知，那个男人被活活淹死了。死后他去了天堂，遇见了上帝，他生气地质问："我虔诚地祷告，你为什么见死不救？"

上帝说我已经救你三次了，可你却没有把握住。

所谓的运气好就是在遇到机遇的时候能够牢牢抓住，错失良机的代价往往是惨痛的。

就像安妮一样，她不敢离开现在的单位。追求安稳，惧怕风险，沉溺在梦想的河流中，却始终下不了决心改变现状。胜利的彼岸有微风，有阳光，有雨露，有鲜花，却唯独没有你。

哪有一种生活，既浪迹天涯又毫无风险；哪有一种工作，既身心愉快又财源广进？我们学过投入和回报成正比，高风险才能换来高收益。生命只有一次，我们为何不能胆大些？

我连珠炮似的说完，安妮双唇紧闭，面色红一阵，青一阵，白一阵。

这时，餐厅里的大屏幕正在播放热门电视剧《欢乐颂》，该片讲述五位性格迥异的女性在职场、生活、爱情中的成长以及蜕变。

安妮开口打破了尴尬的气氛，她说自己特别喜欢这部戏里面的安迪，因为她觉得她们很像。

我盯着屏幕里精明干练的安迪，问她哪里像。

她笑笑说："大家都姓安，又都是女性。"

　　我嘴角抽搐，好牵强的理由，我看着她，认真地说："如果你再勇敢些，或许真的很像安迪。"

　　她心领神会地点点头。

　　"快看，天晴了。"安妮指着窗外，兴奋地喊。

　　雨不知何时停了，天边浮着淡淡的云彩，一束强光透过云层射了出来。

　　"今天谢谢你。"安妮小声地说。

　　"谢我什么？请你喝咖啡？"我故意问。

　　"谢谢你的寓言故事，尽管我小时候听过，但是今天它被赋予了新的意义。"安妮展颜而笑，如天边的彩虹。

　　不经历风雨，怎会见彩虹。

　　安妮，此刻的你拥有最美的容颜，相信最好的人生仍然属于你。愿你打开心结，早日站上人生的巅峰。

不要安于现状,你值得拥有更好的生活

张 绛

生活有时候就似一盆水,脏了,你必须要将它泼出去。懦弱的人裹足不前,只有勇敢的人才能所向披靡。我们也不要嘲笑铁树,因为为了开一次花,它付出了比别的树种更长久的努力。

不安于现状,才能拥有更美好的生活。

我们每个人都乐意安于现状么?

我看未必。

走在大街上,你看到别人穿得光鲜靓丽,心里忍不住就会滋生羡慕的情愫。这种情愫不是妒忌,但至少也是想要追求美丽的渴望。

譬如,下雨天,骑着电动车挤在人潮汹涌的街道上,顶风,头发被吹得遮住了眼睛,忍不住边抬起手来撩头发,边幽怨地骂道:"这该死的天气,耽误了我多少紧急的事!"此时,身边有一辆小汽车呼啸而过,雨花四溅,你干净的裤脚上顿时一片泥泞。望着那辆绝尘而去的车子,你心里是什么样的滋味儿?

又如,大家一起读书、写作业、做笔记、听老师讲课,考试结束了，比你聪明的人做出了那一道道超难的几何题，你绞尽脑汁也没能把题目解出来，眼巴巴望着老师把那奖励交给了别人，你羡慕他的智商么？

然而，无论是人的外貌、物质条件还是智商，有时候真的就是羡慕不来的。就好比家境，十几亿个人里面，也只有一个王思聪；就好比智商，比牛顿、爱迪生聪明的恐怕也不多，我们普通人的智商，一般就在 90 到 115 之间。有些东西从你打娘胎里出来，就是注定了的。羡慕，是没有用的。

可是，羡慕之心却是不可或缺的。

我的朋友小军，出生在一个贫苦的家庭里。父母在他很小的时候就去了远方，他跟着爷爷奶奶长大。到了一定年纪，年迈的爷爷奶奶再也照顾不了他了，甚至连学习费用都已经缴付不起。小军的成绩非常好，是我们班里数一数二的，数理化更是出色。记得高三那一年，班主任尤其自豪地对着所有同学说："要有人考上北大清华，今年就指望我们班小军了！"

可是，小军意外地只考进了本市的一所大专院校。

高考结束，得知这个消息时，别说全体同学惊讶无比，连班主任都痛哭流涕。

小军不是考不上，他是故意没考好。因为考好了，他也去不成。而他也不想离开年迈的爷爷奶奶。

人生，有时就是这么残酷，你哭天叫地，对不起，没用！

生活永远不会同情弱者,它只站在强者那一边。尽管小军成绩优秀,然而一旦他考上了北大清华,面对昂贵的学费,有几个人愿意替他负担?他离开后,又有谁愿意不顾一切地去照顾他的爷爷奶奶?

小军是我的铁哥们,我曾想尽力去帮他,可是被他果断拒绝了。我知道他的心思,他是自尊心极强的人,所以,我自然尊重他的选择。

后来我们一个个读了大学,找到了还算如意的工作。有时候,领导的严苛令我们觉得无法承受,我们每天准时地上下班,并且抱怨单位的制度太死板,福利不太优渥。其实,不是单位不好,也不是福利不棒,是我们习惯了去发牢骚,永远无法被满足。

我们毕业的时候,在人潮拥挤的招聘会上曾暗暗下定决心:这辈子要过着每月拿几万工资的生活,享受每年至少四次的旅游假期,开着路虎,住着别墅。而当现实生活里的待遇远非想象里那样,我们便会开始抱怨,开始表现出对工作、社会的不满。因为,这种不安现状的表现,其实是浮躁。

浮躁的我们,面对工作,会抱怨应酬太多,没时间休息;休息的时候,会抱怨生活太闲,让我们无所事事。

可是,你会发现,就算是在单位中一门心思想要跳槽的人,无论他们怎样抱怨,似乎也很少有人拿出勇气主动辞职。

因为辞职所要付出的代价会更大。尤其是成了家的人,离开稳定的单位，抛弃安稳的生活，这样付出的成本实在是太高了。于是，每一个不安于现状的人，便在这样边抱怨边得过且过的岁月中，悄悄地学会了顺应，放弃了自己的本心。于是，我们习惯了自欺，学会了安于现状。

然而，同学们再见面时，仅仅大专毕业的小军已经西装革履，是一家企业的老总了。

因为起点不高，所以他无所顾虑，更不会患得患失。过去没有太多的成就和名利，所以他无所束缚。他憋着一口气，想要把过去的那些丢失的东西，统统拿回来。

大专毕业，他干过保险，送过快递，卖过水果，摆过小摊儿，卖过羊肉串，做过厨师，他干每一份工作时都只有一种目的，那就是积累社会经验。诚如当年的李嘉诚，在钟表公司当泡茶扫地的小学徒，学到了察言观色、见机行事的本领；到一家五金厂当推销员，锻炼了口才，积累了人脉，拥有出色的销售成绩。最后，20 岁那一年，他便升职为塑料花厂的经理。

小军说，在他干第一份工作时，曾经因为不小心摔碎了一只碗，而被饭店老板掌掴。那时候的他沉默寡言，每天穿着很落伍的旧衣裳，他在别人的眼里就是一个可以被忽视的角色。但是，他的眼神从来都是冷静而犀利的，他并不安于当时的生活。在他的心底，无时无刻不在幻想着有一天能够一飞冲天！

当老板掌掴他时，他二话不说，上前给了老板两个响亮的耳光,打得老板满地找牙,他还愤愤地怒骂:"叫你看不起人,给老子等着!"

他把好多年积压在内心的对自己、对残酷现实的不满,统统释放了出来。

人可以穷,但志不可以短。真正打击我们的,不是外在的东西,是我们自己的内心。你坚持什么,你就会收获什么;你愿意拿出勇气去做什么,你也就会拥有什么。

小军的这几拳头给他打来了奇迹。回忆当时的情景,他说自己像一头被愤怒冲昏了头的猛兽。他的行为让一旁吃饭的人为之鼓掌。小军笑笑,哎,其实是我当时小宇宙爆发了。

拥有理想的人,不念过去,只为现在,崇尚将来。他一无所有了,还有什么可怕的? 大不了重新找工作,大不了饿上几顿。这些,都不会浇灭他自己的那份骄傲。

为了让自己活得更好,他愿意更多地折磨自己。

当时有个人站起来问他:"我公司缺少一个助理,你愿意跟我干吗?"

那是一个柔柔弱弱的男子,白白净净。

小军头也不回地对饭店老板说:"打你,是我不对。但是,是你先打我的。现在,我们扯平了。这个月工资我不要了,留给你看病养伤。"

穷,也要穷得有骨气!

其实,他出手很重,那点浅薄的工资还不够人家老板吃药、打针。但老板没敢去找他麻烦。

他从助理做起,渐渐地就干出了名堂。

因为没能读心目中理想的大学,他一边工作一边自学,一年内看了两千本书,他几乎把当时所有的工资都用在了买书学习上。他说,之所以学得废寝忘食,因为那是他一个未完成的梦,他要自己去实现。

先前的努力很宝贵,而同样难能可贵的是日后的奋起直追。这需要的除了毅力,还有更多的决心。

35 岁那年,积攒了一定资金后,小军辞职不干,自己开了家公司,做起了日本漆的生意。没有名牌大学的学历,但是他的知识不见得比别人少;没有强硬的背景,但是他在公司积累的人脉,让他有幸认识了更多的商界大佬,他遇到了贵人,得到了真传。

生活有时候就似一盆水,脏了,你必须要将它泼出去。懦弱的人裹足不前,只有勇敢的人才能所向披靡。我们也不要嘲笑铁树,因为为了开一次花,它付出了比别的树种更长久的努力。

不安于现状,才能拥有更美好的生活。

你年轻却不奋斗,别以为你想要的都能得到

安如墨

每个成功的背后,都是无比寂寞的付出与奋斗,付出的要么是血,要么是汗,要么是大把大把的好时光。年轻就要奋斗,宁愿在追逐的路上无数次跌倒。在这个花一般的年纪,就该像花一样绽放。你不努力,岁月什么也不会给你。

村上春树说过一句话:世界上有什么不会失去的东西吗?有什么东西是你想要就能要的吗?

我的回答是:有和没有。

一个人为什么要努力?

因为生活从不对你怜惜。

一个人为什么要努力?

因为职场里只有竞争,适者生存,不适者便会出局。

"年轻就要奋斗,宁愿在追逐的路上无数次跌倒。在这个花一般的年纪,就该像花一样绽放。你不努力,岁月什么也不会给你。"

这句话要是从一位长者嘴里说出来,那再寻常不过,但它从比我小几岁的表妹嘴里说出来,让我无言以对。

那时的我才接触人生的第一份工作，负责对一些商品进行定期市场调查，然后汇总数据做成报告。

市场调查说起来是个体面的活，可却不是个轻松的差事，简单总结如下：

辛苦把街跑，笑脸换白脸，疲惫回到家，妆容早已花。

那是我的第一份工作，当时的我面子薄又怕吃苦，市调了几次便心力交瘁。一想到这种又耗体力又不讨好的活儿安排给我一个女孩来做，我心里就默默地把公司高层骂了好几百遍。

时间长了，我开始偷懒，人是出去了，却不出活儿，数据能编就编，报告能敷衍就敷衍。有一天人事主管找到我，开门见山就说这个工作不适合我，更是直接地说，公司不会白白养一个闲人。

那是一场漫长而又残酷的谈话，我开始羞愧地红了脸，后来难过地红了眼。

在得到第二个工作后，前人事主管有一句话我一直印象深刻，她说："职场不是育儿室，排排坐都有果子吃。"我也终于明白：工作中没有闲人，只有与之匹配的优秀。

"因为想要进入更好的圈子，就一定要有与之匹配的优秀，你不努力，岁月什么都不会给你。"这是一次家庭聚会，梅子告诉我的。

梅子是比我小好几岁的表妹，虽还是大学生，却已身兼数职，收入可观。

梅子一直都是个优秀生,从小兴趣颇多,18 岁那年,她迷上了播音主持,每天做完作业,便将自己关在房里不停练习播音主持,一关就是好几个小时。

那时的我偶尔会去她家玩,追着她说:"读书的年纪就该好好读书,那些没意义的事情就少去折腾了。"

梅子总会嘟着嘴说:"你们懂什么呀,这是业余爱好,人不仅要读书,还要全面发展,才不会被社会淘汰。"

全客厅的人几乎都愣愣地看着梅子,只有梅子做了一个鬼脸,然后关上门继续她的练习。

家里人反对无效,我也劝说无用,梅子依旧每天重复着她的练习生活。直到半年后,梅子拿着一张单子得意地在我们面前摇晃,嘴里还念叨着:"以后你们得叫我梅大主持。"

看着梅子那得意的表情,我有些好奇,一把抢过她手里的单子,单子上醒目的字眼闪花了我的眼——邀请函。

梅子说:"我感谢我自己,虽然只是小小的成功,但是却让自己在平凡的日子里,活得比原来的那个自己更好一点。"

在那一刻,我突然有些感悟:无论生活有多难,自己都不能有所抱怨,只有更加努力去奋斗,才能让你更有实力去保护你所喜欢的东西,让你有能力拥有你想要的美好事物。更重要的,拼命地去努力,才能让你在最美的时光里,成为最好的你!

如今,梅子早已是知名的主持人,可她仍旧在潜心学习,她去了美国进修。临走前，我和她小聚了一下，除了恭贺她以外，我笑问她："已有这个地位，干吗还那么拼？"

她举起酒杯，轻抿一口，像是细细品尝，然后轻笑着回答我："人都是在不断学习中成长，所谓活到老学到老。如果我停滞不前，总有一天要给新人让路。这就是现实，你自己不努力，那么自有努力的人取代你。生活不是童话，不是所有的灰姑娘都能嫁给白马王子；岁月也不会因为你是女生而对你有所优待，你不努力，岁月什么也不会给你。"

送走梅子后，我的生活状态有所改变。我会时不时去书店咬文嚼字一番，虽然脑海里封存的东西不多，但零零散散总有那么一些。工作上也不再叫苦叫累，只求拼尽全力，心无遗憾。只要自己够努力，相信总会有收获的一天。

每个成功的背后，都是无比寂寞的付出与奋斗，付出的要么是血，要么是汗，要么是大把大把的好时光。年轻就要奋斗，宁愿在追逐的路上无数次跌倒。在这个花一般的年纪，就该像花一样绽放。你不努力，岁月什么也不会给你。

第二章

要彼此相爱,不是彼此相爱过

曾几何时,我们坐着独木舟远走他乡,哪怕风起尘淹也没关系,只愿你独树一帜,不重叠、不掩饰,好也罢,坏也罢。

恰是因你我不尽相同,烟火阑珊处方才有一抹深情款款的回眸。故而,我爱完整的你,并非那万千江海中毫无二致的一瓢弱水。

别一厢情愿了,等待只是蹉跎了年华

白枫麟

　　独木舟说每个人的生命里都有一个刺青爱人,大火不能将其燃烧殆尽,众水不能将其淹没。

　　我想是的,多少人心里都藏着一份深情,它不随时光久远变淡,不随容貌衰老变薄。只因他恬静的笑容点亮了你苦涩的青春,纵然隔着千山万水,你仍遥遥地爱着,坚定不移地追寻。可是你不是爱情的总导演,大多的结局不能人为把控。缘起、缘灭,超乎预料,往昔的执着终成今日的伤痕。愿我们在浮华掠影的时代,在悲欢离合之后,珍惜默默相守的眼前人。

　　29岁的徐熙贞出落得亭亭玉立,水仙花似的,加上一份体面的工作,追求者趋之若鹜。面对异性的殷切讨好,她从来不为所动,依旧孑然一身。母亲苦心劝说:一旦错过好年华,再想嫁人就难了。然后话锋一转,故技重施地推荐好友之子朴成灿。

　　成灿是个一板一眼的老实人,这点倒符合他的学者身份。体贴的他对她嘘寒问暖三四载,她佯装不知,刻意保持距离。

　　熙贞心里住着一个人,再也住不下其他男人。任百草如茵,她独爱一株;任弱水三千,她仅取一瓢;任过客千万,她只钟情一人。因为他们约定过,此生他娶她,她等他。

他们是一起对抗过顽症的人,他们的爱情坚不可摧,即使客观原因使他们断了联系,熙贞却坚信他们终有重逢的一天。他绝对不会忘记她,他爱她,亦如她爱他,这份强烈的信念支撑她独自走过十度春秋。

那年,19岁的熙贞因黄疸型肝炎被迫休学,住进了疾病隔离所,和一群病恹恹的人待在一起。这儿没有校园里的欢声笑语,也没有丰富多彩的娱乐生活,甚至看不到同龄人,除了静寂就是死亡。

"我会死吗?"入院两个月的熙贞开口问母亲。

"怎么会呢?傻孩子。"母亲正削果皮的手顿了一下,僵硬的嘴角艰难地上扬。

这一切瞒不过熙贞,她扭头擦拭泪花。

窗外,庭院里的白玉兰开得正浓,一朵一朵像停在树上休憩的白蝴蝶,也许一阵风就能把它们全部带走,就像死神会掳走她的生命一样。生命如流沙,还未来得及看清,便要匆匆离去。病痛折磨下的熙贞格外多愁善感。

突然,婉转动听的琴声响起,划破死寂的医院,把沉浸在绝望中的她拉了出来。循声望去,玉兰树下一个穿病号服的男孩正在吹口琴,他的身影在树杈间时隐时现,亦幻亦真。

虚弱的熙贞趁母亲打水之际,扶着墙壁,一步三摇地走向庭院。

当她抬头对上傅辛凉那似笑非笑的眼眸时，心跳漏了一拍。男孩的笑颜比万道金光更耀眼，他主动和她打招呼，他们攀谈起来，说来也巧，他们竟是同级生，因此能聊的话题很多。那个下午她说了入院以来最多的话，直到肺里的空气快被榨干、直到母亲出来寻她，她才依依不舍地离去。和所有情窦初开的女孩一样，熙贞煞白的脸沾染了骄阳，一片绯红。

男孩在她眼中看到依恋，她在男孩眼中看到不舍，一种特殊的情愫落地生根。

他们约好每天下午来庭院聊天，母亲看女儿气色越来越好，也不再反对。辛凉为她谱写了一首曲子，美妙的乐曲吹奏完，他从怀里掏出一朵白玉兰向她深情告白。熙贞又惊又喜，害羞地点头。

三个月后突如其来的消息打破了一切宁静，医院通知熙贞出院，她痊愈了，惊喜之余，是一阵心痛。

"我要走了。"熙贞低声说。

"你爱我吗？"辛凉眼里写满忧伤。

"爱，非常爱。"女孩急切地说。

"你会等我吗？"男孩可怜兮兮地问。

"会，多久我都等。"女孩十分笃定。

"十年后，我娶你。"辛凉搂住熙贞的腰将她拥入怀里，在她额头印上誓约之吻。

"一言为定。"女孩热泪盈眶。他们紧紧相拥。

熙贞踏上北行的列车,重返校园,由于在外省读书,两人平时全靠电话、网络联系。辛凉似乎很忙,两人打电话的时间在渐渐缩短,QQ上线也不聊天。大三那年,熙贞不幸被车撞倒,脑部受损,苏醒已是一年后。这时,可是对方号码成了空号,QQ号也被盗,他们就这样断了联系。

辛凉失踪了。

熙贞握着口琴,蹲在马路边号啕大哭,她埋怨自己一不小心把最爱的人弄丢了。没多久,熙贞举家迁往上海,彻底离开了老家。

十年后,熙贞故地重游,过去的疾病隔离所已改建成公园,那棵玉兰树依然开得繁茂。她在当地报纸和电台打了为期一周的寻人启事:

辛凉,我在玉兰树下等你,不见不散。

——熙贞。

从第一天满怀希望地等,到第七天心灰意冷地离开,熙贞心里极度失落。

下雨了,纷沓而至的雨点击中玉兰花,花朵像中弹的蝴蝶般纷纷陨落,白色的花瓣沾染了灰色的尘土,一片狼藉,亦如她的心情。

熙贞戴上墨镜,掩盖红肿的双眼,伸手拦了一辆出租车,坐进了后排座。

“去机场。”她吩咐。

熙贞一抬眼从后视镜中瞄到了司机大哥的上半张面容,那双笑眯眯的眼睛,她的血液瞬间凝固了。

　　是他!绝对是他!

　　尽管他发福了,眼角有了鱼尾纹,她还是一眼辨认出了他。

　　她激动得全身发抖,心脏狂跳,舌头打结。在脑海中,她设想过千万种重逢的场景,但绝对想不到会在此相遇,太出乎意料了。

　　她刚要透露真实身份,冷不防车载播报响了起来。下面播报一则寻人启事:辛凉,我在玉兰树下等你……

　　还没播完,司机急忙换台。

　　一盆冷水从头泼下,一直凉到脚底。

　　"为何换台?"熙贞责问。

　　司机似笑非笑的眼角带着镌刻的皱纹,像一只狡黠的狐狸,他说启事中要找的那人是我哥们儿。当年得了肝炎以为要死了,一想还没恋爱过,太亏了,就在医院随便找了个人谈恋爱。那女孩瘦得和豆芽菜似的,没一点女人味。男孩当时大脑发热,顾不得那么多了。出院后,男孩想提分手,可是那女孩太过热情,他那话到嘴边又咽下,拖了两年才分手。他早有家室,见她做什么?

　　熙贞的嘴唇咬得几近出血,她的心仿佛被人插入一只冰锥,可是奇怪的是,她感觉不到一丝疼痛,原来放手并不难。既然他当你是擦肩而过的路人甲,你又何必对他执迷不悟到永久。

　　年少轻狂的他,涉世未深的她,花前月下轻许一生。然而时间是贼,于斗转星移间抹杀所有诺言。他说好的不离不弃,最终变成一句玩笑话;她执着不放手,终究化作一缕轻烟飘散。十年等待,化为乌有。你不是风儿,他不是沙,再怎么纠缠也到不了天涯。姑娘,别一厢情愿了,等待只是蹉跎了年华。

"我要下车。"熙贞扔下一张百元大钞,不等对方找零便推门而出。

"小姐,你的目的地还没到……"司机转头说,"找你钱,还有你的口琴。"

是你的口琴,熙贞心里默默地说,头也不回地走了。

永别了,辛凉,永别了,初恋。

迎着雨,熙贞脸上模糊一片,分不清是雨还是泪。她明明有那么多选择,却偏偏爱上他。这个本应该是过客的男人,却成了她心坎里的月光。然而月光再美,终究是冰凉。

熙贞开始明白了,爱情一旦错过就是一辈子,无论你如何等待、刻意寻找,都是徒劳。爱情是二人转,不是独角戏,不是你多努力就会赢得满堂彩。

人生在世,你会遇到形形色色的旅伴,有些人陪你一段,有些人陪你一生。你为了陪你一段的人劳心劳力、痛不欲生,即使那个人淡出视野,你还迟迟不肯前进,活在挥不去的幻想中,暗自伤感,值得吗?

无心看风景的你,忽略掉了能真正陪你一生的人,你不觉得是捡了芝麻丢西瓜吗？醒醒吧，别让你的感情变得那么廉价，如果可以给它标价，我希望它是无价的。

忽然，口袋里的手机响了，是成灿。

熙贞，端午节快乐！我妈包了粽子，有你爱吃的馅，快来我们家吃粽子吧。熙贞擦去脸上的水，说："好，今晚八点到虹桥机场接我。"

"事情办得顺利吗？"成灿只知道熙贞请年假回老家，具体去干什么不清楚。

"不重要了。"熙贞苦笑。

"你怎么了？"成灿察觉到她的异常。

"你爱我吗？"熙贞出其不意地问。

"爱，当然爱，只是你不肯给我机会。"电话另一头的成灿脸红得像灯笼。

"爱到肯娶我吗？"熙贞又问。

"当然，等你回来咱们就结婚吧。"成灿提议。

听到这里，熙贞心里涌出一股暖流，眼泪哗哗地掉下来。原来她一直兜兜转转寻找的真爱就在身边，只是她为了别人屏蔽了一切。

姑娘们，请珍惜身边每一个默默关心你的男人，说不定你的王子暗藏其中。

姑娘,爱就大声说出来吧

胡雨唯

喜欢一个人是什么感觉呢?看不到他会想念,见到了又不知该说些什么,好像只要看着他、听着他的声音、感觉他的呼吸,便是世界上最美妙的事情。

小和是个开朗的姑娘,不伦何时何地见到她,她都满面笑容。只是光芒万丈的太阳也有不为人知的一面,小和也藏着一个秘密,一个不愿意说给人听的秘密。

第一次见到石页的时候,小和初入大学,是个懵懂的、天真的小姑娘。已经大三的石页是活跃于各大活动上的主持人,有着数量庞大的粉丝。

"他叫什么呀?"她假装随意地问班导,"好几场活动都是他主持,很厉害!"

班导不以为意地笑笑:"石页是咱们学校主持界的一哥,不算第一也算第二吧。偷偷告诉你,他还是咱们院学生会主席,厉害吧。"

点点头,小和把台上那个身影牢牢地记在心里。

暗恋就像是角落里的一朵小花,想要追寻阳光却有着见光枯萎的宿命,这令它战栗、无助,只能遥望明媚的骄阳。

宿舍里的姑娘一个个都恋爱了，小和还是背着黑色的书包穿梭在校园的每个角落，或是大声读书，或是奔波在各大活动的现场。她明白自己并不是要躲避暗恋带来的忧伤才会如此，而是真的想站在高处，在他毕业前，拉近两个人的距离，说上一句话，哪怕是："学长，你好。"

时光不会辜负努力向上的拼搏者。大二下学期，小和帮助老师组织校园评选，作为最年轻的参与者，她一丝不苟地核对、复审，桌上学姐送来的午饭已经凉透了。

"安墨，你也来交材料？"

熟悉的声音让小和正在翻资料的手停在半空中，她不可思议地抬起头，打量那不远处的侧脸，心脏漏了一拍。

继续低下头，小和的心思早已不在那本厚厚的资料上，申报的名单上分明没有"石页"两个字，他为什么会突然出现？她强迫自己不去分神，可惜，没有任何作用。

"同学，我之前忘了交材料，老师让我补一份。是交给你吗？"

清亮的声音从头顶传来，好似一道阳光贯穿了小和玻璃做的心脏，那样温暖。小和假装镇定地点点头。

"那就麻烦你了。"

"我走了，还有别的事。"

来去匆匆，石页一共说了三句话，但对于小和来说，这已经算是最美丽的意外。

　　淅沥的小雨断断续续，梅雨季节是那样的令人讨厌，电热毯24小时不间断地开着高温都驱散不掉被褥上的潮湿。当然，同样湿漉不堪的还有小和那颗躁动的心。

　　前几天，社团的朋友小梁对小和表白了。她拒绝得干脆，不给小梁一点希望。在朋友眼里，他们是那样的相配，可是只有小和自己知道，一颗心若是已经被占满，就真的容不下其他人，一丝一毫都不行。

　　可是，石页毕业了。就在这样一个梅雨的季节，走得干干脆脆。

　　他的毕业晚宴当天，小和淋着雨，躲在天台哭得一塌糊涂。

　　上课、校园活动、图书馆，剩下的两年时间，小和让自己忙碌得没有时间去胡思乱想。有时候她也想狠狠地抽自己一巴掌，石页甚至都不知道她这个人的存在，可是自己却为了他整日被思念湮没。

　　终于熬到了毕业，小和放弃考研，直接到了 A 市工作，她想：或许换了一个环境，那颗胡思乱想的心就能安定下来，重新开始。只是，玩笑一个接一个，她惊喜的同时，却那么的不知所措。

　　和石页正式见面是在一家火锅店，小和做梦都想不到，他居然有自己的电话号码。她呆呆地站在店门口，连先迈哪一只脚都忘记了，见他对自己打招呼，小和有些木讷地回应。

　　"真没想到咱俩的公司距离这么近。"

　　石页的态度好像两个人已经相识很久一般，小和害羞地把长发掖到耳后，从不喜欢吃火锅的她第一次发现火锅的味道这样好闻。

"我也没想到会在这里见到学长。"

那天,小和感觉自己在云端走了一遭,软绵绵的却很舒服。石页说自己很早就知道她,并且打心底里觉得她是个奋发向上的好学生。

石页没有女朋友,小和一直都知道,她也开始因为石页这样的一句话而想入非非。只是,向来胆小的她还是选择深埋自己的秘密,小心翼翼地与他保持着校友的关系。

看不到一个人就会想念,看到了却不知该说什么,看着他一张一合的嘴,就好像听到了世界上最美妙的音乐。

不知道从什么时候开始,石页越来越多的约小和,或吃饭,或吐槽,或散步,有时候只是简简单单的顺路回家。

在朋友眼里,他们越来越暧昧,似乎真正在一起的日子指日可待。小和脸上的笑容越来越多,心里的不安也越来越重。

她承认自己喜欢石页,非常喜欢,从大一见到他的第一眼开始,从来没变过。但是,石页呢?他是不是也喜欢自己呢?如果真的像他说的那样,很早就知道自己的存在,又为什么两个人四年来都没有正式说过一句话?

周日的午后,阳光轻柔地洒下,两个人并肩走着,已经熟悉到有说有笑的程度,小和也不再害羞,只是对石页仍旧忽远忽近。

"你看那树桃花开得多好。"石页的声音还是那么好听,小和觉得自己迟早会迷醉在里面无法自拔。

多少次,她都想眼一闭、牙咬紧说出自己的心意。"石页是那么优秀的一个人,自己有什么资格站在他的身边呢?"这样想着,那些话最后又都会咽回肚子里,化成嘴角一抹自嘲的笑容。

"小和,你觉得我这个人怎么样?"

石页突然发问,小和有些错愕,随后笑道:"很好啊,有才有貌有能力,应该算个潜力股吧。"

"那你如果是女生会喜欢我这样的吗?"

"会啊。"话刚说出口她就后悔了,尴尬地岔开话题,"你看那边的树怎么不开花呢?"

"因为它总是逃避开花的机会。"

"开什么玩笑,树哪有那么多的心思。"

"怎么没有?"石页一步步地走到那棵树旁边,一边摸着上面的纹路,看着她,"一棵树想要开花虽然不是说能就能的,但一个人想不想'开花'的主动权却是在自己手里。"

"你以为开花那么容易?天时地利人和,每一样都不能少。"

"好,自然界的事儿我管不了。"石页走到她身边,盯着那双好看的杏眼问,"咱们继续刚才的话题,你如果是女生的话,会喜欢我这样的吗?"

"我本来就是女生,你这个假设根本就不成立好不好。"

快速地转过身,小和假装要去看那棵花开得繁茂的桃树。石页识破她的闪躲,索性豁出去了,将她箍在怀里。

"小和,你还要躲到什么时候? "他的声音不似平日的清亮,有些无奈、有些委屈,还有明显的自责。

"我听不懂你在说什么。"

"你听得懂! "他固执地收紧双臂,"你怎么可能听不懂! "

空气仿佛凝固在那一刻, 一朵调皮的桃花落在她乌黑的发上,小和的心脏收紧,等待着宣判。小和紧闭的眼睛,代表了她此刻的无助。

"小和,你喜欢我,不是吗? "

"别闹了,哪个不长眼的说我喜欢你……"

"可是怎么办呢? 你不喜欢我,可是我却喜欢你,喜欢了很久,很久。"松开双臂,石页痞痞地笑着,"从第一次看到你在后台忙得热火朝天那一刻我就喜欢上了你, 其他姑娘为了保持发型不乱、妆不花都不会去干那么重的活,只有你傻傻地往前冲,桌子椅子都跟男生一起抬。我当时就想,这个姑娘要是做了我的女朋友,我一定会把她当公主宠着。"

小和在脑袋里飞快地搜索, 但是却根本不记得两个人为同一场活动有过任何交集。她不可思议地听着他继续讲述那些曾经的故事。

"那天活动结束,我去后台找你,可是他们说你还有考试,忙完开场就走了。之后,我多方打听才知道你叫小和,你都不知道吧,其实四年前我就有你的联系方式了。"石页叹了一口气,有些无奈,"我不止一次地制造和你偶遇的机会,你却完全不理人,我甚至觉得你是讨厌我的。而且你真的以为我公司就在这附近?我每次过来都要一个小时的车程呢!"

小和不可置信地看着他,为什么他说的这些自己从来不知道?

"你早晨六点会准时到 14 教自习室报到,晚上从来都是在宿舍关门前冲回去,喜欢吃的水果是凤梨,讨厌吃□果。"

"可是在我来 A 市之前,我们从来都没说过话……"

"错,你大二下学期的时候,我去交申报材料,我们明明说了三句:'同学,我之前忘了交材料,老师让我补一份。是交给你吗?''那就麻烦你了。''那我走了,还有别的事。'"石页忽然有些不好意思地挠挠头,"虽然你忘了,但我还记得。"

"我没忘。"

"那又怎么样。"石页有些失落,"你又不喜欢我。"

"你还没说你喜欢我,我为什么要先说出来。"小和的眼泪和着笑容落下,"我才不要做主动表白的那个人!"

"小和,我喜欢你,从四年前开始。"

"石页,我喜欢你,从四年前开始。"

后来,小和对同样陷入暗恋中的朋友说:"如果喜欢,就大声说出来吧。就算失败了,也好过陷在自己设定的怪圈里无法走出,并且心痛难忍。若是对方恰好也中意你,岂不是两全其美的好事?"

不去呵护,到手的玫瑰很容易被抢走

花底淤青

我们要的爱,千百年都是一个姿态。

风雨同舟、同甘共苦、白头偕老这些老掉牙的词,依旧流行于世。这些年,喜我者我惜之,嫌我者我弃之。见过很多忘恩负义的人,这山望着那山高,兜兜转转,不付出一丝真心。

有人说,四季轮回,生生不息。

但是,化成灰烬的是爱,是恨,是有悔无回,是烟火的光芒终于落尽眼底,被风轻云淡地掠过,了然无痕。

不在意的,总会不知不觉流逝。

恰似,轻舟已过万重山。

1

虽说已是初冬,阳光穿过斑斓的琉璃窗棂,窗台上嵌着一樽半人高的耶稣像,它身披灿灿金光。喷泉始终叮咚叮咚,野草淹没路径,四周仍有丝丝缕缕的暑意。

只可惜,无人光顾。

一园子的玫瑰花都萎了,顺应寒冬的气息变得气息奄奄、郁郁寡欢,支零破碎地迎接着萧条时光。

看来,除却温室的呵护,它们便毫不留情地凋谢。

那座叫"金丝雀"的花园,好久没有开门了。

开业那天,金思抬起小脑袋,眯着珍珠似的眼睛看着天际与花海相交之处。手中一袋子西芹,绿油油的,清新自然。

她不自觉地呢喃,金丝,金思,很巧。

我记得八年前,金思还说过:"我爱他就像他爱我,所以我的爱总是以牙还牙,算不得欺负他、算不得伤害他,只算——辜负他,那么一丁点儿。"

辜负他,那么一丁点儿。

金思与秦希分手那天,是个晴得刺眼的日子。外婆留下的金丝雀终于蹲在鸟笼栏杆上合上了双眼,角落里失去了一抹灵魂。

"你这人怎这么笨?"秦希说。

"老娘一直这样,"她拍得桌子一震,花瓶抖三抖,"要走你走,别想拉着老娘一起忘恩负义!你把你吃的、喝的都给吐出来再滚!"四周人投来的鄙夷目光汇聚在秦希身上,他自然浑身不自在。

"你、你给我等着!"谁敢相信,这是金思从小称兄道弟最后修成正果的男朋友脱口而出的话?

后来,金思在酒吧买醉,大半夜地想吃火锅,还真有一家店24小时营业。她不睡觉,我也陪着她,她辣得流泪,低沉吼道:

"他几个意思？叫我等着，我偏不等着！"

其实，她说最后一句话时，有些心虚。

金思和秦希不过都是普普通通的本科生，面临就业困难时，两人被金思熟识的老板一把招拢过去，有了属于自己的工作与生活。

老板是金思爸爸的老同学，一直做着婚纱摄影工作，两人跟着老板干，平常见见美人、修修美图，日子过得清闲如水，挣到的钱也几乎是纯利润。一天忙下来挣的毛头儿，就够两个人下馆子使劲儿撮一顿。

沿街的餐馆、酒吧两人早就混得熟透了，熟到路过的人总会和金思拍肩打招呼："嗨，今晚来玩哈。"她笑嘻嘻地应下。

小日子过得风生水起，看上去很美。

秦希说："如果我和你这样过一辈子，那真是应了那个词：一帆风顺。想想当初，什么苦都没受，自然而然地就这么快活！"

幸福来得太突然，或许是因为不曾经历苦难，脆弱的感情说散也就散落了。

就像冰化成水，炭烧成灰，四季更迭终无言。就像最后，金思连那最后一抹存在感，也抓不住。

2

2008年的金融危机持续了整整两年之久。加之汶川大地震，全国都轰动了。

除此之外,打击了金思与秦希的是他们双双失业的消息,失业失得很离谱。隔壁兴起的几家大牌婚纱摄影公司,一下子抢走了他们的生意,包括老客户。

金思四处奔波,开始张贴各种各样的海报,成天带着红鼻子扮小丑,努力地分发宣传单。仅仅是抱着厚重的宣传单,就足够她细嫩的胳膊酸得不行,只三天下来,她的左臂微微触碰就疼痛难忍。

金思迫不得已前往医院。医生给金思道出病症:肌肉拉伤,局部痉挛,功能障碍,需长期休息。

这简直是天方夜谭,火烧眉毛之时,哪里能休息?

坏事接连不地发生。

酒吧老板拿出秦希平常赊下的酒账来要债,生怕他一走了之。金思说,没办法,人家也要过日子。

偶尔来几个年轻客户图个便宜,拿到摄影照片后却总要指指点点,非要留下一句"又贵又难看"方肯罢休。秦希沉默,金思小声啜泣。

同甘共苦难呐,这样的日子下,两人终有一天得劳燕分飞。

金思早就猜到了,只是没想到结果来得那样迅猛,如洪水猛兽。

盛夏晚晴,他们坐在小摊子前的塑料桌椅上,两个人一瓶接着一瓶地喝啤酒。碧绿色的瓶子晃晕了人们的眼睛,酒气辣人心。

秦希醉醺醺地说:"我找到了一家新公司,待遇不错,就是公司设备不太……"

他还没说完,金思"嘭"地把酒瓶给撂在桌上,猛然站起来,指着秦希的鼻子大骂,身体轻轻抖着。

她断断续续地吼:"滚,滚了就别回来!"

秦希落荒而逃。

但他逃,不是因为害怕金思,而是害怕众人咄咄逼人的目光。但秦希的行为却像锋利的刀子,割破金思的心。

见利忘义者,就藏在她的身边,日复一日地对她好,是真情,还是假意?

金思砸完了一整桌子啤酒瓶,疯疯癫癫的样子吓跑了所有路人,赔付两百块钱后,身无分文了。

这段感情,就像她空空的口袋般,算是彻底结束了。

婚纱摄影公司的员工一个个能走则走,走不掉的人成天唉声叹气,萎靡不振。除了老板和金思勤勤恳恳,其他人都非常怠惰。

老板叹出好长一口气,容色苍白,腰背不自觉地佝偻。"公司再养不起人了,这个月就得关门大吉。"他摆摆手,不看她,"走吧,你也走吧。"

金思咬着嘴唇,攥紧了拳头,破门而出。

她在街道上游荡了一整天,使劲儿想公司的重生之术,甚至想到烧香拜佛。他们有技术,却没啥门面支撑,赚不到人气,究竟怎么办?

越穷越没人气,越没人气越穷,恶性循环。

3

金思邻居家的年轻小夫妻不甘平庸,想要拍文艺范十足的特色照片。

普通的婚纱摄影公司总用大同小异的背景,拍不出新意,难免落得俗套。所以,他们找到金思,拜托她想想法子。

金思脑海中蹦出几个关键词:文艺,特色,新意。

如果她所在的公司可以抓住现代人力求新意的想法,说不定能够涅槃重生。

私底下,她约老板出来讨论许久,终于想出一个剑走偏锋的法子——拍外景。

对!拍外景是特色,更是考验摄影师技术的活儿。这不需要门面装点,只需要一架单反即可,而且生死关头,他们已然别无选择。

至此一险招,只能死马当活马医。说搞起,就搞起!

没过多久,大街小巷布满金思所在婚纱摄影公司的宣传单,干干净净的白纸上,"外景"二字分外撩人眼目。金思用所以积蓄支撑着最后一个月,选择场地布景,带领小夫妻前往拍摄。

一招定生死,金思心中吊着一口气。

金思说:"那感觉就像上吊的人剩下最后一口气,提不上来,

84

咽不下去,急得浑身发痒,忒难受!"

拍摄背景是古街长巷,小夫妻着中山装和丝绸旗袍, 没想到,拍摄效果异常好。

更没想到,他们不止涅槃重生,更是在镇中大火一把,好一阵子风靡不退。婚纱摄影公司重新复活,元气满满,像初升的旭日,光芒万丈。

再后来金思去酒吧,酒吧店主红着脸敬酒,说他们有眼不识泰山,说他们也是苦衷满满。

金思笑了笑,没说话。

酒吧老板问她,日子好过了,那个小男友怎么样了?

金思摇摇头,饮下一口湛蓝的鸡尾酒,忧伤从头到尾都是一个样儿。

秦希所在的新公司兴起不久,便开了一家观光花园,取名为"金丝雀",听说题目是一男子因思念而作。只是时隔不久,这家公司便在金融危机之中倒闭,花园自然也就闭馆了。

我找到秦希,想劝他们和好,他有这个意思,但金思却摇摇头:"如果当初他愿意留下来,我不需要他陪我分担苦难,只需他与我同享快乐。很可惜,他走了,我再念念不忘,也回不到当初。"

婚纱摄影公司的老板将他的儿子介绍给金思。那个男孩儿非常体贴,对待金思像呵护一朵玫瑰一般。在她眼中,《小王子》中的小王子形容的就是他。

小王子说:"你们很美,但你们是空虚的,没有人会为你们而死。没错,一般过路的人,可能会认为我的玫瑰和你们很像,但她只要一朵花就胜过你们全部,因为她是我灌溉的那朵玫瑰花;她是那朵我放在玻璃罩下面,让我保护不被风吹袭,并且为她打死毛毛虫的玫瑰;因为,她是那朵我愿意倾听她发牢骚、吹嘘甚至沉默的玫瑰;因为,她是我的玫瑰。"

金思成了那个男孩儿的玫瑰花、手掌心的宝,捧着怕摔着,含着怕化着。即使不是初恋,也足够幸福。

没有矫情的情节,只有纯粹的爱。

4

我们要的爱,千百年都是一个姿态。

风雨同舟、同甘共苦、白头偕老这些老掉牙的词,依旧流行于世。这些年,喜我者我惜之,嫌我者我弃之。见过很多忘恩负义的人,这山望着那山高,兜兜转转,不付出一丝真心。

是这样的,我爱他就像他爱我,以牙还牙。

倘若可同甘却不可共苦,不去呵护,那么人生在世,哪怕拥有一座"金丝雀"花园,也留不住"玫瑰花"。

她是很作,但你没发现她的缺点和优点一样可爱

花底淤青

曾几何时,我们坐着独木舟远走他乡,哪怕风起尘淹没也没关系,只愿你独树一帜,不重叠、不掩饰,好也罢、坏也罢。

每个人都有不尽如人意的地方。彬彬有礼,可能被视作冷漠疏离;古灵精怪,也可能是旁人眼中的疯癫不羁。

1

我认识一女孩,外号叫"小鹿斑比",在她 20 岁左右遇到她的初恋。

乔谷是个高高瘦瘦的男生,成绩很好,经常穿着白衬衫,右手腕总戴着天蓝色护腕,打起篮球来风风火火。他面庞干干净净,像被白云擦拭过,微微一笑就惹得人们的心如小鹿般乱撞。

斑比在与乔谷经历同一个高中、同一所大学的生活之后,终于晋升为他的女友。可惜后来她才发现,表面美好并不代表内心美好。

昆明的春天比其他地方的春天更要春意阑珊,樱花一簇簇地盛开,桃花酝酿了团团喜气,蔷薇攀墙笑得花枝年摇曳。斑比

感受着恋爱的浪漫,此时像个没长大的孩子,一时兴起,非要去放风筝。

广场上,各色风筝飘扬于空中,斑比早早买好老艺人手扎的风筝,青鸟衔枝的模样,栩栩如生。她特意拍了照片发给我,真的很漂亮。

结果,她打电话约乔谷出来,乔谷只随意甩给她一句话:"幼不幼稚啊,20岁的人还放风筝!你怎么不去和泥玩?"他把电话挂掉,继续睡觉。

还有一次,两人恋爱一百天纪念日,斑比给乔谷打了整整两百通电话,打到手机没电,打到手指抽筋,他一次都没接。天知道,他正和舍友打《英雄联盟》,一打就是不分昼夜一整天。

我替斑比气恼:"这种男人,不分手留着干吗?"

她笑着摇头,长吁一口气:"他不喜欢的事情,我不勉强他去做。可是,我也不能总勉强自己,这很不快乐。"

斑比分手后,哭着唱完梁静茹的《分手快乐》,重归单身生活。

我拍拍她的肩,安慰道:"咱们都是单身,以后并肩作战!"

不出两个月,斑比突然告诉我:"我找到新男友啦,这次他很好,对我来说他像星星一样闪烁!"

我咬牙切齿地拍打她:"说好要一起做'单身贵族'呢?居然背弃我!"她嬉笑着躲过,与我说起细节来。

新男友对斑比体贴入微。大多时候,斑比很懂事,但偶尔也会闹闹小脾气,任性妄为地撒撒火气。她的新男友总会接住她的火气,然后仔仔细细地替她消化。

私底下,她的新男友曾向我打听斑比的喜好。我很好奇地问:"为什么你能对斑比那么好? 她发起火来,可是暴躁至极! "

他笑笑,将一盒牛奶泡进热水里温着,擦了擦手,接着帮我倒了杯茶:"斑比是个好女孩儿,平时很温柔。其实,她发起火来也很可爱。我是个想呵护她一辈子的男人,不会在意她那一星半点儿的缺点。"

我离开之前,他将温好的热牛奶塞给我,让我转交给"每个月总有那么几天"的斑比。

你看,不喜欢你的人,总是对你视而不见;喜欢你的人,万事可为你做到无微不至。

<h2 style="text-align:center">2</h2>

斑比能结交到这样的新男友,总算没有浪费她那梅花鹿一样水灵的大眼睛。

再回头看看斑比的前任乔谷,他依旧深陷于自我的意识当中,万事只求别人包容他,他却喜欢鸡蛋里挑骨头。

乔谷总是担心世上没人能满足他的期望,最后他发现:他的担心是正确的,因为确实无人能按照他的期望生活。

他说:"我必须和一个毫无瑕疵的人在一起,否则我将难以忍受接下来的生活。"

每个人都有或多或少、或大或小的缺点,如果不能接受别人的缺点,也请别抱怨太多。

无论是怎样优秀的人,都难以合乎乔谷的要求。久而久之,再轮不到他挑选别人。

乔谷奔三时,已成大龄剩男,并且一事无成。他变得愈发颓废,时常叩问命运为何如此不公,为何那些得过且过的人却落得比他好的结果,为何宁缺毋滥的自己反而没个着落。

我真想敲醒他的木鱼脑袋,愤怒地大吼一声:"这不是追求完美的方式,你这是一无所有还欲求不满地薄人恕己! 这是自私,不是爱!"

女生在乔谷眼中就是爱作怪的一类人。他认为女生成天纠结于点点滴滴的小事。但他不知道,正是在意小事,才有干干净净的屋子、熨烫平整的衣角、衣缝之间的细腻走针。

和斑比待久了,发现她还有一个缺点,就是特别黏人。她身边总少不了人来作陪,若不然便会不安。

谈及这个,总有人觉得生活需要自由与放松。没错,可是爱一个人需要那么多无关紧要的自我坚持吗? 不,你只要全心全意地热爱即可。

毕业后的同学聚会,我们看见斑比的男友也来参加,他笑意盈盈,没表现出半点不适。

我知道他不适应与陌生人相处,抽空问他:"陪斑比参加同学聚会，人都不认识，尴尬不？"

他点点头，又摇摇头，说："尴尬是挺尴尬的，但总归是有好处。"他看向不远处乔谷的身影，乔谷正在和女生攀谈。

他讪笑："让她与旧恋独处，我实在不放心。斑比愿意黏着我，我才高兴。或许你们眼中斑比的缺点在我看来都是优点。"

懂得欣赏优点的人不少，但能将缺点转化为优点看待的人，少之又少。

我羡慕极了斑比。她不用去想怎么留住他的心、他的胃，就能留住这个人。在他眼中，她用她的优点与缺点，合成完美的自己。好的爱情，就该是这副以柔克刚的模样。

3

"说好的是一辈子，少一年，一个月，一天，一个时辰，都不算一辈子。"

《霸王别姬》中，张国荣将程蝶衣的"不疯魔，不成活"演得淋漓尽致。每个看过《霸王别姬》的人，都会对程蝶衣动心。如果他活在当下，或许会被冠上"缠人"的名头，我们都懂得，情感之间不能太束缚，但他不懂。

我照旧喜欢程蝶衣，正是因为他不懂世故。

程蝶衣不懂放手，不懂明哲保身，不懂潇洒走人生。他的固执己见与执拗痴情，成就了其为人所爱的形象。

这样明显的缺点，却令人爱到窒息。

遇到这样的人是什么感觉呢?很多朋友都跟我说:感觉这样的人才懂真爱,那些看起来毫无缺点的人,对待爱情就像是逢场作戏,你永远看不透他的心。

试问,你是喜欢永不颓谢的塑料假花,还是随季节花开花落的美丽真花?

至少,我是喜欢后者的。

曾经掏心掏肺地喜欢过某个人的人,一定会懂得,那段时光太美,无论如何都无法忘记。

《匆匆那年》中唱道:我们要互相亏欠,要不然凭何怀缅?他亏欠于我的,恰恰是那些分外动人的缺点。

我们不会做饭,容易迷路,做事随心所欲,看起来蠢蠢的。可是,那些深爱我们的人,总会觉得我们这样才可爱。

为什么?因为我们愿意去学习做美食,然后兴冲冲地和他们分享成果;我们可以拿着地图四处奔波,途遇原本看不到的绮丽风景;我们有所想便有所作为,无城府,不世故。

偶尔,我们喜欢拉着爱人做一些明知很幼稚的事情,但这样做是无理取闹还是撒娇,爱人要分得清。有时候,人们觉得女生总是爱作。

是的,有"作"才有爱,"作"也是一种真性情,想笑就笑,想哭就哭。我们不是完美恋人,却胜过完美!

或许,真正爱你的人,总会发现你的缺点和优点一样可爱。

曾几何时,我们坐着独木舟远走他乡,哪怕风起尘淹也没关系,只愿你独树一帜,不重叠、不掩饰,好也罢、坏也罢。

　　恰是因你我不尽相同,烟火阑珊处方才有一抹深情款款的别致回眸。故而,我爱完整的你,并非那万千江海中毫无二致的一瓢弱水。

你那么年轻,就别说什么看破红尘了

琉璃月

不论曾经经历了多少的失去与背叛,承受了多少的痛苦与寂寥,那些都已经过去。我们完全不必困在过往中自怨自艾,更不必将"看破红尘"作为掩饰脆弱的借口!现在年轻的我们,只需要收拾好心情,安心地等待下一场幸福的到来。

有人曾说:人的一生,从来没有绝对的安稳。

生活在这滚滚红尘中,我们总免不了要经历一些悲欢离合,阴晴圆缺。而那些所谓的"看破红尘",不过是情感脆弱的人们用来自我麻痹的借口。他们敏感、怯懦,躲在自己的壳子里惶惶不可终日。

然而,时光从不会多分出一丝怜爱来照顾那些情感脆弱的人。我们应当学会用饱满的爱,来宽容世事的无常,来消磨红尘岁月里的寂寞。

1

第一次见他,是在归来的飞机上。那时的我神色黯然,远眺着窗外渐渐变小的城市,久久沉默。

机舱里很静,静得连自己心脏"突突突"的跳动声都能听见,还有身边氧气瓶里,节奏分明的"咕噜,咕噜"声;静得让人产生幻觉:这世上,竟只留我一个人了吗?

　　心脏猛地一抽,短暂的窒息感毫无征兆地降临。我这才后知后觉地意识到,自己的心情对身体造成了影响,而这影响,或许是致命的。

　　我开始深深地吸气;开始试图忘记那些曾经幸福的片段;开始安慰自己,一个人也可以很好……

　　然而,一切都是徒劳!

　　旁边座位上的中年女子站了起来,准备向空乘人员呼救。

　　这时,一个温暖的声音传来:"你带药了吗?"

　　我艰难摇头,说不出话。都怪自己粗心,药是带了,可却放在了大件行李箱中被托运了。

　　"别怕,我是医生。"依旧是那温暖人心的嗓音。

　　身边的中年女子听他这么说,忙把位置让了出来。他坐下,将他准备的药和水递给我:"来,把药吃了。"

　　我接过,一口吞下,然后垂眼。他也不再说什么,只将手中的旧佛珠轻轻转动。"阿弥陀佛,阿弥陀佛,阿弥陀佛……"一声声佛号,声音不大,却清澈悠远,仿佛聚集了天地间的一切宽容与慈悲。我竟然渐渐平复了下来,病情也得到了很好的控制。

　　我抬头,想对他说声谢谢。他却温和地出言:"别说话。"接着,又为我整理了一下面上的氧气罩:"虽然好些了,但你身体依旧虚弱,要保存体力。一会儿,我送你去医院。"

他穿着白衣,衣服是那种质朴的料子,款式也很简单,和我近来见得最多的白大褂相差无几。他一直面带着微微的笑,就像是慈悲的佛祖、慈祥的老者,又像……像一个体贴入微的男朋友。

男朋友?呵!我不禁又开始恼火起自己来。

当初的他又何尝不是这般温柔!口口声声地说爱我,说要与我生生世世永不分离!结果呢?就因为他父母的阻挠,就因为我的身体出现了状况,他不也如此狠心地提分手了吗?

常听人说:世事无常。却没料到,这人间的情谊,原也可以如此浅淡!

两个小时后,飞机稳稳地停在机场。他帮我取了行李,送我出大厅,直至父母和医生接到我。临别时,他将包里用黄绸精心包裹的一本书取出给我:"这个送你。"

或许他是有意,也或许是无心,我第一眼看到的竟是书的背面,土黄的页面上两行黑色的大字异常分明:

看破、放下、自在、随缘、念佛

真诚、清净、平等、正觉、慈悲

看破?呵!我不禁自嘲:是啊,看破了也就罢了!什么爱情!什么誓言!不过都是过眼云烟!

人往往就是这样,在心情不好的时候,总会将一个词正面的含义全部曲解。而且还自以为是地觉得,自己的想法都是对的!

那时的我,就想着,既然佛经上都说要看破了,那自己照做就是了呗!

2

半年后,我的身体虽然有了好转,心境却大不如前。每日重复着"吃饭,喝药,睡觉"的工作,像个行尸走肉。

我一度觉得,这就是看破红尘。什么都不用在意,更是什么都不用计较。

那天意外地收到一份明黄的请柬,师傅邀请我参加大雄宝殿的落成仪式。

不知是因为想到了佛堂里那位慈祥的老尼,还是说,冥冥中自有天意。总之,我是去了。

没有想到,缘分竟然如此奇妙,我再次遇见了他!

这一次,他没有着白衣,而是换了海青的袍子,手里还抱着一本书,屈坐在我最喜欢的那棵大槐树下,神情有些萧条。

他似乎察觉了什么,抬头看向我所在的方向:"美女!又见面了!"

我停了下来,看着他。他依旧如从前般笑着,我却意外地从中看到了一份刻意隐藏的苍凉。

他笑,起身,向我走来。宽大的海青色袍子像是挂在晾衣竿上似的,空空荡荡……

大家都没有意料到,仪式进行到一半,他的电话响了。

未婚妻病危,要他速归!

有相熟的师兄说,他未婚妻患有严重的心脏病,他学医也是为了她。

那晚,我在佛堂跪了半夜,诵经。愿他的未婚妻能够好起来,一生健康、平安。

师傅半夜推门进来,说道:"妙能啊,你这样为人家祈祷,怎么不为自己跟菩萨发发愿,求个好的姻缘呢? 你年纪不小了啊……"

说到姻缘,我的心情顿时就垮了下来。双手握拳,伪装平静地笑道:"我看破红尘了! 嘿嘿!"

"啊?"师傅似乎听到了什么不可思议的事情,声调微微上扬。

我扯出一抹笑,撒娇道:"师傅,要不我剃度来陪你,好不好啊?"

师傅在我头上轻轻一敲:"傻孩子! 年纪轻轻的,说什么看破红尘了!"

3

那一场仪式,慈悲之音久久缭绕耳畔,意外地让我有了些许触动。我开始常去寺院走动,也试图开始规划自己今后的生活。只是,对恋爱,绝口不提!

但凡朋友亲人催促、介绍,我总是半真半假地以一句"我看破红尘"来推脱。

那天清晨,早课刚刚结束。清晨的阳光总是很暖心,我携了本佛典,步履缓缓地走过青石板,向大殿而去。

我又见到了他,他还是穿着暗色的袍子,依旧如上次般消瘦。

他进门,合掌、跪拜。然后起身,出门,进入下一个佛殿。他在每一尊佛像前驻足、稽首,周而复始。

我默默跟着,在旁边为他敲响磬钟。他仿佛不知,依旧重复着叩拜的动作。

末了,他起身,合掌颔首:"多谢师傅。"

额……我一愣,尴尬地提醒道:"师兄,是我。"

他这才抬头,看到我身上搭的缦衣,眼中有些许错愕。顿了顿,恢复了笑容:"没想到,你都授八戒了。"

我有些自嘲地笑笑:"这不,看破红尘了呗。"

他看着我,笑笑,不语。我也回看着他,虽然他依旧消瘦,面色却好了很多。我心中竟莫名地有些惊喜,看来,是他未婚妻身体好转了。

佛事结束已经是下午,我邀了他到后院,煮了茶。我们坐在小亭上,闲谈,看风景。

他与他未婚妻是青梅竹马,自小感情就很好。他大学时不顾家人反对,毅然报考了医科大的心血管内科。因未婚妻的关系,那些急救药物,他从来不敢离身。

然而,他的努力却没能得到回报。无论他这些年如何细心照顾,他的未婚妻依旧离他而去了……

我心神一怔,手中茶杯里的水也随之满出,跌落到墨色的托盘里。盈盈翠翠的水珠,在烟雨山河的衬托下,显得有些落寞。

他又道,他的哥哥三个月前出家了,在九华。

我惊诧,猛地抬头,一句不太得体的话脱口而出:"你不会也看破红尘了吧?"

他却笑了:"我那么年轻!"

他们出生于佛教家庭,出家是哥哥自小的愿望。而他,还有父母要照顾。

我微微叹息,心中想着:就算他因责任而不能出家,但经历这样的生死离别后,也当是看破红尘了吧?

这时,他电话响了,起身向我告辞。

我送他出殿,就见一个文静的女子执着一柄淡绿的雨伞,在石阶下等他。

见我们出来,她忙上前为他遮雨、披衣。

"怎么这么晚?"

"和师兄聊得久了。"

"出门也不多带件衣服。"

"下次我会记着的。"

……

我站在雨里,看着他们共同撑着一把伞,相携离去。

多年来我积蓄的哀怨与愤慨在这一刻，仿佛都随着他们的言语而烟消云散。我突然意识到,我还这么年轻! 也许,我也会如他那般,拥有幸福的未来!

4

人的一生不可能一帆风顺! 在通往幸福的道路上,总是免不了会有些拦路的荆棘坎坷。

不论曾经经历了多少的失去与背叛,承受了多少的痛苦与寂寥,那些都已经过去。我们完全不必困在过往中自怨自艾,更不必将"看破红尘"作为掩饰脆弱的借口! 现在年轻的我们,只需要收拾好心情,安心地等待下一场幸福的到来。

你那么年轻,不要再轻言:看破红尘。

你要相信,我们还年轻,幸福会来的!

他很好,为什么不好好珍惜

花底淤青

世间如洪水猛兽的,应是你我心头那一抹柔情了,它宛若眼中泪、心尖针,轻轻一掐指便能教人痛得死去活来。

而世间最伤人至深、无可挽回的,唯有三字罢了——不珍惜。

1

《大话西游》中有句经典的台词,一经典就是几十年:曾经有一份真挚的感情摆在我的面前,我没有珍惜,等我失去的时候才追悔莫及,人世间最痛苦的事莫过于此,如果上天能给我再来一次的机会,我会对那个女孩说三个字:我爱你。如果非要在这份爱上加一个期限,我希望是一万年!

钟灵每看一回《大话西游》,必哭一回。

她的泪点和别人不一样,当孙悟空说"因为你是女人我才不杀你,不要以为我怕了你"时,人家都在笑,只有钟灵在哭。

深更半夜,清凉的夜风吹得薄纱窗帘飘扬,从十三层高的楼上放眼望去,遍地灯火阑珊。

钟灵突然发简讯给我,说:"小青,如果我当初嫁给了简笏,结局会不会不一样? 我会不会离开这噩梦般的生活? "

简笏是个温暖的男人,有一张英气的国字脸,肩膀宽阔,背脊直挺,穿西装的时候格外帅气。他的性子也算温和,念了三年军校,为人处事虽算不上圆滑,却也不算愚笨。从十年前起,他就对钟灵死心塌地。

简笏有句暖到爆的话,连我这个旁人都记得清楚——整个世界只有你幸福,才是正确的。他就是这样懂得疼惜、知晓真爱的人。

那时候,一切都是真心实意的。笔锋流转的情书是真,我爱你也是真。只是,男女之间你追我躲的游戏却许多年都不变。

简笏追求钟灵,钟灵避而不见。

她喜欢所有得不到的东西,那些事物对她的诱惑力极大,像光,像电,与歌中唱得一模一样:看不穿,是你失落的魂魄;猜不透,是你瞳孔的颜色……爱如生命般莫测,你的心到底被什么蛊惑?

对于纠缠不放的简笏,钟灵推拒着,哪怕在她穷困潦倒,只有简笏愿意领她回家时,她也丝毫不为所动。

如今,我苦涩地笑着摇头,电话那头的她自然看不见。我说:"既已决定,不要后悔。"就像风已过,再不回头;就像错过了就是错过了,你哭得撕心裂肺,他只会冷眼旁观。

有时候,决定离开,只是一瞬间的事。

我等了好久,都不见她再回复,不知不觉我已昏昏沉沉地睡着。第二天清早，发现手机里有一条未读信息："可我已经后悔了，怎么办呢？"

时间：02:49。

2

钟灵的父母早年离异，钟灵由母亲带大，父亲连生活费也不肯给，母亲单身许多年，虽也把她当作心头肉，却总是叫她"累赘"。

这样的日子过得久了，越发腻了，她的脾气变得很差劲，只有像我这种完全不会发脾气的人，才能成为钟灵屈指可数的朋友。

她年轻的时候，喜欢泡吧、酗酒，脾气暴躁，一言不合就发飙。钟灵摔杯子，摔碗筷，摔一切能摔坏的东西，仿佛碎玉裂帛之声能舒解她的坏情绪。

钟灵天生有一副姣好的面容，即便是惹人恼火，旁人笑一笑也就算了。我常常劝她，但有句话这样说：我们听过许多道理，仍旧走不好这一生。

某一回，钟灵哭得稀里哗啦，抓着我陪她喝酒，我不会喝，就安安静静看着她喝。

她"咕噜咕噜"喝下去一大杯，打了个酒嗝，干干净净的手拍在油腻腻的桌子上说："小青，我告诉你，我就是缺爱。缺爱久了，看啥都是假的，那些瞧起来很真的东西，鬼晓得是不是真的！"

"我就喜欢你这种不劝我喝酒，也不劝我不喝的朋友！懂我！"钟灵自顾自地说。

我纹丝不动,心中暗暗想:懂与不懂那么重要吗？劝你不喝酒的人才是真好人,我只是个理智的旁观者,知道不能改变你,于是连努力也不曾努力,而那些甘愿为你勇往直前的人,才是你缺少的爱人。

但我终究未曾说出口。

因为简笃来了。她醉酒,看见了他,破口大骂,什么难听的话都骂了,稀里糊涂地说,说到后来,自个儿蹲在地上哭,简笃就拍着她的背,一会儿听她骂,一会儿看她吐,折腾个不停。酒家老板被她唬得一愣一愣的,一时半会儿也没敢收摊儿,我和简笃硬是陪她熬到凌晨两点。

我已经疲劳乏困,此刻睁不开眼,使劲甩脑袋也没有用。简笃说:"麻烦你了,钟灵由我照顾吧。明早我就送她回去,你不用担心。"

隔日,钟灵被好端端地送回来,毫发无损。

倒是我整夜未睡安稳,心惊胆战,生怕将钟灵误送入贼手,毁她清白。幸好,事实证明简笃是难得的正人君子。

钟灵清醒了,衣衫整洁,酒气全无,素净的脸上褪去酒醉的潮红,周身有浓浓的姜汤味道。她却是满脸厌恶与尴尬的模样,与简笃冷冰冰地告辞。关上屋门的那一刻,她长长吁一口气,仿佛逃离虎口:"终于走了,烦死了。"

我惊愕:"为什么这样说?"

她瞥我一眼,吐出三个字:他好烦。

简笋很烦?醉酒的她就不烦了?那些酒吧里嬉皮笑脸的男人就不烦了? 究竟是谁不分黑白?

我有些后悔和钟灵做朋友,俗话说:"道不同不相为谋!"她这样的性格实在令人生厌。简笋一直喜欢她,真不懂他喜欢她哪一点。

只是我向来不会发脾气,于是便与她慢慢疏离,疏离。

3

后来,钟灵与一个连中文名字都不清楚的调酒师闪婚了,男人被称作 Nathaniel(纳撒尼尔),除此之外,其他全不知。消息很快在朋友圈四散开来,照片里的她笑靥如花,Nathaniel 虽帅气逼人,但总是一副皮笑肉不笑的表情,因此他难免夹杂着阴森气,不似简笋看着舒服。

她说:"除了神秘感十足的调酒师,还有谁能令我心动? 我要将下半辈子也调一调,五彩缤纷,这才是我想要的未来。"

我朝她温和一笑,露出八颗牙,就像对所有不懂得迷途知返的人一样的微笑,目送着他们越走越远、越走越黑。我除了微笑,什么都做不了。

菩萨低眉微笑地看着众生,我虔诚地祈愿她的未来可以五彩缤纷,而不是五味杂陈。

钟灵与 Nathaniel 在过完三个月的蜜月后,开始过柴米油盐的日子。

　　而简笏突然从她的身边消失了,像蒸发了似的,任谁也找不到他。听说,简笏搬离了这座他土生土长的城市,去了个崭新的地方,开始了一段不知是好是坏的生活。

　　我仿佛看见他变成了断线的氢气球,忽然朝万里碧空飘去,一去不复返。

　　钟灵偶尔会乘车来看望我。一个半小时的车程,她一个人来,一个人走,晕车,备药……现在都得自己做好。

　　我请她去喝酒,她居然拒绝了。钟灵说:"不喝酒了,现在喝酒没人管,喝多了伤身体。前段时间才去做了胃镜,这几天可不敢再酗酒了。"

　　"Nathaniel 不管你? 听说喝酒后吃些水果、喝些解酒茶就没关系了。"我脱口而出。

　　"我从没煮过茶,Nathaniel 喜欢会喝酒的女孩子,我就把自己折腾成现在这样了。"

　　钟灵挽着我的胳膊时,无意中碰到我的指腹,我察觉到这一瞬的粗糙感。细细查看,才发现她的手掌粗糙不堪,明显是家务活留下的痕迹。胳膊上也多了条细细的疤痕。

　　钟灵叹息着侧过头去,看着窗外的花木流云:"有回换灯泡,不小心摔倒了,胳膊划破一点儿,没去医院,结果留了道疤,丑死了。"

身上的伤可以结疤,心伤也会结疤吗?

4

时间回到 02:49。

如果当初简笭和钟灵在一起,结局会不会不一样?

我想,简笭会将晕车药之类的东西早早准备好;换灯泡这种事交给男人来做;他也必然会替她挡下那些花花绿绿的酒瓶。

至少,她得到的是一辈子的依靠,而不是如今因酗酒败坏了的身体。

他很好,为什么不好好珍惜,为什么非要等到来不及时才知道可惜,为什么失去才追悔莫及? 生活不是电影,错过即是永远。

姑娘,你爱的男人到底是否爱你,请你搞清楚。曾经不入眼的"备胎"怀抱着如海的深情去爱你时,你可以不屑一顾,但你要保证照顾好自己,别吃亏后才想起回头。好男人与好女人都不是用来糟蹋的。

三十年河东,三十年河西,爱情也是一样。

如果他很好,就在一起吧。

当始终如一遇上后知后觉

白枫麟

有些事,不堪回首;有些话,不知轻重;有些人,不期而遇;有些爱,不能避免。恋爱中的人有几个能读懂自己?非得经过磕磕绊绊的曲折,非得经过分分合合的痛楚,非得经过分分秒秒的思念,才如梦初醒,懂得珍惜。当始终如一遇上后知后觉,若爱犹在,一切还来得及。

偶然间发现庄蝶雨朋友圈里秀恩爱的照片统统不见了,点开微博,她的关注里少了一个关键人物——陈默歌。细思,我大喊不妙,出事了。

急忙约当事人出来问个清楚。

长发飘逸,打扮时尚的蝶雨如约而至,她美丽依旧,从她柔和的五官里看不出一点破绽。她在我对面落座,飘来一阵幽香。

"很香。"我抿了一口咖啡。

"是吗?迪奥。"她略施脂粉的脸上带着浅浅的笑。

阿嚏,敏感的我打了个喷嚏,赶忙用纸巾捂嘴,问:"你和默歌还好吧?"

"分了,我提的。"她用勺子搅动着咖啡,淡淡地说,话音轻得如窗外飘过的一朵云。

"为什么?"我追问。

作为他俩爱情的见证人,我比谁都清楚,他们这一路走得并不平坦。

庄蝶雨,人如其名,广告传媒系系花。陈默歌,拥有梦幻的名字和抽象的脸,不过长相有特点的人大都有才华,我们的陈同学是金融系学霸。总之,两人是现实版的公主与王子。

校园嘉年华晚会,蝶雨作为大一新生代表上台献唱,一夜走红,成功让全校师生记住了她。默歌在当晚中了丘比特之箭,从此整颗心只为她一人跳动。

苦追两年,终于抱得美人归。

默歌对蝶雨非常好,好到全校无人不知,无人不晓的地步。有一次默歌陪蝶雨打完点滴回来,刚下出租车就遇到大雨,他怕蝶雨被淋湿而再度发烧,便站在雨中替她撑伞,一路护送她回女生宿舍。蝶雨的感冒痊愈了,默歌却受了风寒,咳嗽了整整一个月。还有一次蝶雨要听大腕云集的跨年演唱会,网上票已售罄,默歌凌晨三点去站点买票,排队八小时,站到脚麻才抢到门票。

看着别人家的男朋友,单身者哭晕在厕所里。然而最初女主角不以为然,把这些好看作理所当然,蝶雨理直气壮地说:"我是他女朋友,他就应该对我好。"

陈奕迅的《红玫瑰》怎么唱来着? 被偏爱的,都有恃无恐。所以别抱怨女友多龟毛,这都是男友亲手种下的因,结出的果男友就算跪着也得吃完。

默歌刚拿到注册会计师证,工资便跟着翻倍。蝶雨也如愿当上了策划部经理,两人事业都步入正轨,马上谈婚论嫁,怎么说分就分呢? 没有理由呀?

"因为没有安全感,薛丽丽的去世对我触动很大。"蝶雨神情黯淡,用手挤压额头。

薛丽丽是我们姐妹圈中的一员,大学刚毕业就结婚,和老公在深圳定居。刚买房不久,薛丽丽发现有喜了,为了还房贷,她强忍不适坚持工作。结果孩子意外早产,她为此丧命。

在她老公的恸哭声中,知道真相的我们眼泪也掉了下来。

那年生宝宝扎堆,妇产医院人满为患,加床费用飙升。薛丽丽手头拮据,退而求其次进了一家小医院。分娩过程中,她心脏旧疾复发,小医院没有设备,需要将她转到大医院才能救治。可是来不及了, 她在转院途中断了气, 连刚出世的宝宝都没看一眼,就这样带着不甘与不舍走了。如果当初在家待产,她会早产吗? 如果当初住进大医院,她会获救吗?

世上有太多的遗憾,我们只能被动接受,时间不能倒流,生命岂有如果。

"你和她情况不同。"我申辩道。

"除了心脏病,能夺去生命的疾病有大把,谁能保证不中招,到那时没有钱,拿什么来拯救我? 爱情在生命面前不堪一击。我和她本质上一样,都是没房、没车、没存款的外地人。"她的声音变得尖锐。

"物质比感情还重要吗? "我盯着她的眼睛问。

蝶雨避开我灼热的目光,轻呷一口咖啡,避重就轻地说感情最不靠谱,爱情最不着调。女人是耗材,值钱的日子不多;男人是股票,还有上涨的可能。她不敢拿唯一的青春去赌,一旦多年后男人有钱了,嫌弃她人老珠黄,那么换车,换房,再换个年轻老婆更易如反掌。到那时她这一生算白搭了,与其那样倒不如趁现在找个多金的男人嫁了,一劳永逸。

"蝶雨,你变了,变得好现实。祝你在宝马车里笑。"我起身拎包走了。

她的话,令人不舒服。安全感从来不是别人给的,而是自己给的,她连这点都不明白,还谈什么安全感! 多少女孩用这个借口离开年轻男友,投入有钱大叔的怀抱。大叔有阅历有资源,依附他们可以过上安逸的生活。可是她没有想过一个问题,既然他能给予你美好生活,他同样能拿走美好生活。哪天他不高兴了,他可以亲手毁了一切。美女,你还有安全感吗?

迎着习习凉风,我开始怀念过去,怀念那场说走就走的毕业之旅。

那次旅行中,我们几个头一次登山,根本不知道要带厚衣

服,穿件运动服就上山了,走到半山腰冻得要命。默歌怕蝶雨冷,
把外套脱给她,自己仅穿件短袖。在黄山那棵名树"连理枝"下拍
照时,默歌冻僵的脸挤不出一丝笑容。

当年蝶雨开心的脸,默歌面瘫的脸,我们冻红的脸,仿佛就
在眼前。

他们虽携手闯过了动荡的毕业季,却栽倒在平缓的过渡期。
有人说校园里的爱情像纯净水,干净透明却填不饱肚子。等出了
社会有了面包、尝过了酒后便再也找不回当初纯净的口感了。其
实我想说纯净水和面包不是鱼与熊掌,可以兼得。年轻的男人纵
然没有雄厚的家底,但靠着自己的双脚一样能够脚踏实地地前
进,未来的路很长,怎知他们走的不如大叔远,不如大叔精彩呢?

很长一段时间我没再关注蝶雨,其他姐妹说她如愿以偿地找
了个帅大叔,每天豪车接送。没多久我收到"红色炸弹",本以为是
她和帅大叔的喜帖,打开一看,万万没想到新郎却是默歌。

这是什么情况?

剧情华丽大逆转?

"我有点蒙了。"我拨通她手机,问:"大叔有安全感,为何又
分了?"

"你这人真怪。我和默歌分手,你否定我,我和大叔分手,你
质疑我。你到底是哪一头的?"蝶雨嗔怪道。

"女神,我永远站你那边。快说说,我好奇。"我讨好地说。

"算了，看在天气好的分儿上，告诉你。"蝶雨莞尔。

她讲了一些她和大叔的生活片段。

蝶雨喜欢看书和上网购物，大叔的眼中却只有工作和股市。她喜欢聊八卦娱乐和单位趣闻，大叔喜欢谈经济走势和商务事宜，他们每天聊着牛马不相及的话题，双方都觉得无趣，慢慢地变得无话可说，最后演变成偌大的房子里，一个人拿着手机淘宝，一个人对着电脑炒股。

夜深人静，蝶雨躺在床上想起了默歌，与他相处的日子里总有聊不完的话题，总有笑不完的趣事。不管心情多烦、工作多累，默歌一个拥抱就能解决。

这一刻她才后知后觉地意识到了什么，泪水濡湿了床单。

第二天，蝶雨提出了分手，毅然提着行李走了。那晚，她喝得烂醉如泥，吐得一塌糊涂，迷迷糊糊中一个熟悉的身影出现了，是默歌。原来是酒保拨通了她手机里署名"老公"的号码，分手后她未曾更改这个备注。

蝶雨拉着他，泣不成声，离开他之后，才知道他的可爱。

"默歌，我们重新开始，好吗？"

"我一直站在你背后，等着你转身回来。"默歌说着一把将她搂进怀里，二人相拥而泣。

当始终如一遇上后知后觉，还好爱还在，一切还来得及。

"浪女回头金不换。"我调侃道。

"已然情深，何惧缘浅。"她用《何以笙箫默》中的台词做了总结。

我仰望天空，飘浮的云朵刚好聚成一个心形。恭喜你，蝶雨。可惜我没她幸运，不是所有的始终如一都会傻傻地站在原地等自己后知后觉的爱人。

《失恋 33 天》中的玉兰奶奶对黄小仙感慨："我们不能保证对方不犯错，有了错误，修补就行了嘛，洗衣机还有三年的保修期，何况是人。"

因一场误会，我与初恋男友分手了，我知道他爱我，所以我觉得就算不解释，他也不会放弃我们这段感情。可是我错了，待我搞懂自己有多在意他，回头找他时，却赫然发现他身边多了一个她。他说三年了，我以为你放手了，于是接受了她。

我的后知后觉成了心上的一道疤，我们就这样擦肩而过，成了最熟悉的陌生人。

懵懂的你在这座城市里遇到心爱的他，最好的结局是在一起，而不是曾经在一起。愿天下所有后知后觉的有情人能够不忘初心，拥抱真爱。

不是你分手了,这世上就没有好的爱情

安如墨

年轻的岁月里,谁没有为谁燃烧过,拼尽全力,倾尽所有。世上最远的距离,不是相隔千山万水,而是无论当时爱得多么至死不渝,却无法走到最后。既然这样,那不如相忘于江湖。失恋没什么大不了,失恋只不过是一场修行,等你修行完,总会遇到一个新欢,愿意拥抱你和你的未来。

上个礼拜,领导让我同她一起去接见今年的新客户,却没想到,新客户竟是老熟人,韩素。

韩素是大学时候,我同桌林远扬的女朋友。

关于韩素,我们本是不认识的,后来因为林远扬的关系,我和韩素才变得很要好。

那时的韩素,个子高挑,是个漂亮而又骄傲的女孩,性格外向,热心肠,很讨男生喜欢。

可现在的她,虽功成名就,但眼神里总有那么一丝郁郁寡欢。

她人生中最重要的财富,是对林远扬的感情,而我,是目睹他们的感情一步一步走向死亡的唯一目击者。

有领导在,我们没有谈及与工作无关的话题,待领导不在的时间里,我们沉默半晌后,我问她:"过得还好吗?"

"你看我现在,会是不好吗?"

这是韩素给我的回答,她眼里情绪复杂,难以看清。

我们只是相视一笑,没再多说。相对无言地坐了一会儿,韩素才问我:"你有林远扬的消息吗?"

我这才知道,这些年,她始终没有停下寻找林远扬的脚步。

这世上,总有一些人,只要一出场便让人终生难忘,林远扬就是其中之一。

那时的他,是我们班的班草,一米八的个子,曾经是我们班众多女生所幻想的白马王子。他就像是从言情小说里面走出来的男主,照亮了无数少女的心房。

很多女生来旁敲侧击地了解林远扬的情况。作为林远扬同桌的我,理所应当地成了最佳突破口。可毕竟我对林远扬不算太了解,也给不了她们想要的答案。

最关键的是,这位暖男从未将恋爱这件事放在心上,有时我常常笑问他:"林远扬,这么多姑娘围着你转,你都没动过心?你是真不想恋爱还是装清高啊?"

我到现在都还记得他的回答,他说:"爱情是要在见到对方时有心跳加速的感觉,若没有,要来何用?"

林远扬在大二的时候遇到了那个能让他心跳加速的女孩。

那是一个周六的早上,原本我们和同学约好踩单车去游玩。

那天,林远扬却姗姗来迟,同学们一个个将他骂得够呛,林远扬却一直笑脸相迎。一路上,林远扬表现得很不正常,时不时独自偷笑。

我们追问其原因,他只笑说他捡到钱了。

这答案,可信么?

当然不可信,只是没人再继续追问。

周一,课余休息时林远扬用手撞了我一下,我转过头,便看见一张小纸条从他手中扔了过来。

我先是一惊,然后拆开,上面的字让我惊讶:喜欢一个人是什么感觉?

我看了眼并没有看我的林远扬,在纸条上提笔写道:喜欢一个人就是想见到她,哪怕不说话,也很开心。

那时的我并没有喜欢的人,所以也只是乱说一通,却说出了林远扬的心声,他回我:我就是有这种感觉,看来我是真的喜欢她了。

林远扬有喜欢的人了?我嫌写字慢,便直接小声问他:"你真的有喜欢的人了?谁这么幸运能入得了你的眼睛?牵线人是谁?"

也许是我问的问题太多,林远扬看着我,许久才开口:"牵线人就是我的单车。"

林远扬这才说出那天他之所以迟到,是因为不小心撞到了一姑娘,两人相互闲聊之下才知道,两人竟在同一所大学就读,只是不同系,她叫韩素。

从那以后,林远扬天天追着我问,如何追女孩,送什么东西给女孩能使她开心。这是我第一次见林远扬这么用心,到底是什么样的女孩让林远扬如此上心,我很好奇。

林远扬说等他成功的那一天,他便领着她来与我见面,但这期间不准我介入和声张此事。

为了满足自己的好奇心,我答应了他的要求。

一个星期后的周末,我很激动,因为林远扬说他要带韩素来与我认识。

那次是我第一次对一个女孩观察得那么仔细、认真。韩素个子不算太高,模样很清纯,大眼睛,笑起来有两个小酒窝,很甜很美。

这次相见,我知道了林远扬喜欢韩素的原因。在这个年纪里,我从没见过比韩素更会照顾人的姑娘。虽然韩素是个女孩,可她不吝啬用自己的关心去温暖他,让人心生温暖。

两人就这样轰轰烈烈地谈起了恋爱,两人都是文学爱好者,所以时而约在图书馆相对而坐,翻看着手里的书本,品味着书里的酸甜苦辣;时而去校外转山,欣赏优美风景;时而在游乐场中寻找欢乐。

韩素说她很喜欢看雪,林远扬便答应他,一定要带她去看冬天的第一场雪。

"你说真的?"韩素停下动作,认真地看着林远扬,眼神里满是喜悦。

"是的。"林远扬重重地点点头。

时令变换,天气日趋寒冷,时光流水般推移。

一个寒冬的下午,刚下课一会儿,教室里就热闹了起来。

我侧目望向窗外,只看见天空中雪花密布,像春日里沿河路边风中飘舞的柳絮,很美很美!

突然,坐在我身边的林远扬手机振动了一下,他接起手机,温和地说:"下雪了,你看到了吗?"

"看到了,很美! 不过,我想去郊外看雪,外面的一定会更美。"

"好,那我们现在就出发。"

那一天下午,他们在雪中看着远方小小的城池,灰色的房屋;他们在雪中静默,像一幅美丽的水墨画。

韩素说:"我希望往后的日子里,能和你看每一场雪。"

林远扬笑了,深情地将她拥入怀中:"会的,一定会的。"那种肯定,像是给予韩素一生的承诺。

那时,林远扬跟我说,所谓幸福便是能与她一起坐着摇椅慢慢变老。

只是爱情虽甜美,生活却不能称心如意。就在他们相恋两年、开始计划未来的时候,林远扬的母亲被医院查出是肺癌晚期,原本林远扬的家境不是很好,现在生活更是如履薄冰。

林远扬办了停课手续，没有和任何人告别，离开了学校，再也没有出现过。

韩素疯了一样找遍了所有她能想到的地方，也没有得到林远扬的消息，只有一条短讯，说：你是个好姑娘，你不应为我而等待。

韩素想了很久，跑来找我，问我是什么意思。

我想了下，还是将话说了出来：他的意思是说让你忘了他。

眼泪就在那一刻流下，韩素抖动的肩膀让我不知如何安慰。

在林远扬走后不久，她曾喝醉酒，问我："安安，你知道吗？我心里装着一个活死人，他叫林远扬，你说这世上要能有第二个林远扬该有多好！可惜没有如果。"

没人知道，林远扬走的当天有和我发过信息，他说："安丫头，我要走了，回到属于我自己的世界。虽然这里有太多我舍不下的东西，但我不能让她跟着我受苦。"

我盯着手机，半天打不出一个字，于是将手机放回了兜里。我本以为这样相爱的两个人会手牵着手，相爱到老，结果却让人始料未及。

如今的韩素，身边不少追求者，却仍单身。

有人说，失恋是人生的必修课。因为只有失去过爱的人，才能真正懂得爱，才能知道如何去经营爱。虽然曾经失去的会让人心痛不已，但是在一番痛彻心扉之后便能够收获自己真正的爱情,这才算是真正的圆满。

可韩素却与大众截然不同,她除了工作还是工作。每当家里人提及为她介绍男友之事的时候,韩素总是以工作为由推脱,家里人也拿她没辙。

很多时候,我们越是不甘愿,越是不想放手,就越容易走向偏执。所以,当那个人说不爱的时候,我们尽管很痛,但是我们还是要选择放手,让他离开。因为在我们对爱人放手的时候,其实也放过了我们自己。

随着上次的见面,我有了韩素的联系方式,便约她出来喝茶聊天。她爱他,算到今天,应该有六年了吧!

我们见了面,一起吃了饭,喝了下午茶,聊了很多以前同学的故事,还聊了一些还在联系的同学的现状。

最后,我还是开了口:"素素,过去的都过去了,无论曾经有多美好,我们都应该学会放弃。你这样抱着过去不放,拖累的始终是你自己。"

她沉默了一会儿,将手掌叩在心口的位置,说:"不用找了,他在这里。我也想明白了,爱情从来都是跟外在条件无关的,跟你的努力和付出也不是成正比的。而且,当你在面对一段感情的离开时,如果不自己走出来,必将错失以后的幸福。"

"那如果你遇到下一段爱情,会怎么样?"

"你傻呀!当然是全力以赴啊!"

　　她笑了,我也笑了。

　　年轻的岁月里,谁没有为谁燃烧过,拼尽全力,倾尽所有。世上最远的距离,不是相隔千山万水,而是无论当时爱得多么至死不渝,却无法走到最后。既然这样,那不如相忘于江湖。失恋没什么大不了,失恋只不过是一场修行,等你修行完,总会遇到一个新欢,愿意拥抱你和你的未来。

最好的感情,莫过于成全了别人放过了自己

张 绛

"我们爱一个人、想一个人的时候,总希望对方也一样想着我们,岂知爱的最高境界,居然是忘了我!免得像我一样痛苦!"

有个叫刘墉的作家,他这么认真地说过。

刘墉在《漂泊的人生》里写道:"我们爱一个人、想一个人的时候,总希望对方也一样想着我们,岂知爱的最高境界,居然是忘了我!免得像我一样痛苦!"

年轻人读起这句来,会觉得奇怪吗?

一转身,就是一辈子。谁不曾年轻过?

年轻时的感情,才是轰轰烈烈的感情。

1

月色清冷,窗外华灯初上。弓拉着我的手,轻装上阵,去万达广场的电影院里寻一部获奖无数的大电影:一个陌生女人的来信。

这段日子,我总是吵嚷着要看看老徐这部自导自演又获了国际大奖的电影。据说,这部电影是根据茨威格的小说《一个陌生女人的来信》改编而成的。

那时候校园里已经几乎熄了灯。我在室友的掩护下，蹑手蹑脚地溜出宿舍，又在弓双臂的托举下，人生第一次从校园的墙头上一跃而下。

岂料，我从电影里看到的是情到深处人孤独，是一个陌生女人的浅浅低诉。我的眼泪便在黑暗的电影院里悄悄地滑落。用手轻轻一挥，泪干了。再看，视线又模糊不清了。爱情，真是忧伤的童话！

而弓对电影中女主角的解读却是：一个钻进自己梦境与牢笼里，一生都无法走出来的傻女子。

在对女主角"傻还是可爱"的争执里，我充分发挥感性的一面，他则将一个男人的理智，淋漓尽致地表现了出来。

"怎么可能会有男人爱上这样一个女人呢？她爱上别人却不主动交往，不将感情流露出来，难道天下男人都要用一辈子去猜测她的想法么？人生，梦想，他还要不要继续经营了？"弓严肃认真地说。

"你不觉得正是这种执着，才显得她很伟大么？你不认为，她执着了一生的暗恋，震撼到你的心了么？"我红着脸，气冲冲地反问他。

那场电影，便在这样的不同心境和理解中，一晃而过了。

2

吵吵闹闹到大四，我跟弓还是一如既往地交往着。

那一次我生病住院。外面飘着细雨,房间的温度有点低。几个同房的病号均忍不住寒冷钻进了被窝里。弓陪着我从外面的走廊里散步回来,刚要搀扶着我钻进被窝里,猛地发现那个常跟我聊天的阿姨哆嗦着进了病房。

我们欲过去帮忙,她左手边这时闪现出一个人影来。那是隔壁房间的女孩,她每天都这么热心地搀扶着阿姨,帮助阿姨坐下,躺下。

这位阿姨已经六十多岁,几天前,我跟她同一时间做完一个手术。她年纪大,身体还非常孱弱,而我已经可以多走几步了。

"哦,谢谢你姑娘!"她笑笑,整个人已经歪倒在床上。

那个女孩帮她脱鞋,扶她躺下,盖被子,倒水,递水杯。

弓将我安顿好后,出门接了一个很长的电话。

有个护士急匆匆走进来,问阿姨:"疼吗? 不是跟你说了很多遍,不要这么快就坐下和躺下吗? 怎么就是不听!"

"你要多走动,少躺下,最好也不要久坐。坐着、躺着,都不好。"护士发觉自己的语气貌似有点严厉,忽而又改用温婉的声调说:"要不是外面冷,我现在决不让你上床睡觉,这是为你好。"

护士走后,我才好奇地问:"阿姨,您知道自己的身体不适合久坐或久卧么?"

她点头微笑:"当然了。"

我微微愣了一会儿,才缓缓地道:"那,这几天,那个女孩一直不停地扶你坐下、躺下,您怎么不明白地告诉她? 为什么还对她再三道谢呢? 您看起来身体并不舒服。"

阿姨笑得温婉,她说:"我坦然接受她的好意,才会有更多的人愿意像她一样对别人表达善意。若是社会上多几个像女孩这样的热心人,又何尝不是一件好事呢? 给别人一次行善的机会,也就成就了一种善良,播种了一种美德。"

我沉默地望着回来的弓。待他坐下后,我小声将刚才的谈话内容简单进行了复述。

"听到了没? 成全是一种美德! "弓出乎我意料地说。

这次,他竟没有过往的凌厉,没说出"这样的盲目接受未免不是一种愚蠢"的话来,假设时间回到大一,我敢说,他定冲口而出。

我笑一笑,记住了老人的话。虽有不解,倒也值得日后慢慢品一品。

3

周末的阳光很好,天空蓝蓝的,白云轻轻地飘浮在上面,是一个爽朗的天气。

"走,带你去看好东西。"弓跑到我的教室里找到正在埋头写作业的我,兴高采烈地说。

"去哪儿? "

"看盆栽呗! 听说不远处新建了一处花园,里面有很多种你喜欢的花卉。"

我们一路欢喜地奔到目的地。

果真如此,园中开满各色花朵,兰花,水仙,仙人掌……还有各种叫不出名字来的漂亮花卉。一堆堆整齐而有序地摆放在花棚里。

各种不认识的小树也是千姿百态。有大盆的,也有小盆的,有叶子肆意伸展开来的, 也有羞羞答答似怀春少女的。各展美丽,各具特色。

我被眼前的一棵小树吸引住了脚步,那小小的盆已然快承载不下它。

"这个多少钱?"我问老板。

"哎呀,这个小树是新品种,老板娘前几日才从外面运来的。谁知它长得太快,就快要找不到更大的盆承载它了! 你要喜欢,算你便宜吧!"她大概是老板娘雇来的工人,被这棵不愿被束缚的小树搞得很烦恼。

"我买了。"问了价,我便从偌大的市场买了这株叫不出名字来的小树。

回来的路上,弓忍不住对我说:"哎,真是哦! 一个小树长到一定高度便需要换盆,越长大,盆就得越大,如果盆不够大了,就要将它移到花园里,如果花园还不够大了,那就要将它移到森林去。"

蓦地听完这句,我心里猛地一紧。人跟树其实不也一样吗? 从相遇的第一天起,我们就应该知道,迟早会有告别的那一天。

4

大四毕业。

弓约我到湖边坐一坐。阳光依然如从前般温暖,湖面潋滟,波光粼粼。但气氛却不似从前了。

对于分开,这也是逃不掉的事,从交往的第一天起,我便明了。

只是情一动,便克制不了。一眨眼,四年,到期了。

"我想去远方,想去大城市,想谋一个体面的工作,想挣大钱,想实现自己的梦想,想赢得自己的一片天空。"弓扭过头来问我,"你一定支持我的,对不对?"

世界之宽大,世事之无常。沉默了几分钟,我还是抬起头微笑着跟他说了再见。

转身离别时,想到了刘墉的那句话:爱一个人,就不要让对方像自己一样的痛苦。

弓,爱是成全,我从未想过要让你为难。两全其美很难做到,在梦想和我之间,你已做出选择,那么,我又何必犹豫不决?

我始终相信,这世间,任谁,都必须经得起时间的考验。

弓走后,我开始反复听着刘若英的歌:

很爱很爱你;

所以愿意,舍得让你,

往更多幸福的地方飞去。

……

很爱很爱你;

所以愿意不牵绊你;

……

很爱很爱你;

只有让你拥有爱情;

我才安心。

……

5

再见面,已是一年后。

依旧是天气晴朗,万里无云,只是野外的风景太醉人,分不清眼里的是风景,还是你们。

在 L 小镇,恰逢清明节,成群结队的人慕名而来。田野里,大片大片的油菜花鲜艳艳地铺满大地。微风吹过,飘香万里。

女子银铃般的笑声,在一浪高过一浪的黄色花朵间穿梭,时不时钻进耳膜里。

那时候的我,身边还没有别人,许是那时的我还没彻底将你放下。

我举起相机,找到一处无人的角落,拍个不停。想要留住这份美景和此时的心情。

这时却看到你拉着她,微笑着走到我面前。

你说:"好久不见。"

是,好久不见! 四年大学抵不过一年!

为了那可笑的尊严,我控制住内心的悸动、不安、酸涩,保持着微笑,故作镇定地问道:"你还好吗?"

可能,所有的悲伤都被你丢弃在分开的那一天,所以,你还能如此坦然地拉着她的手,主动走过来。

"这就是你常说的前女朋友啊?"女孩发出甜美的声音,眨巴着一双俏皮机灵的眼睛笑眯眯地问。

"嗯,是的。"你说。

"不过,那都是过去的事了。谁的人生,还不曾遇到几个人渣,混蛋?"我心里认为,应该这样凌厉地还她一句,灭一灭她那嚣张的气焰。

可是,终究还是做不到。

我对你付出过的青春,曾也是那般美好。能霸占你的初恋,我不见得比她亏!

"嗯,那都是过去了的事儿。对不起,我还有事。再见! 祝你们幸福哦!"不记得自己那时候的表情了,也不记得那时的语气了。但是我清楚记得,那时的语言跟动作,都是极致的淡定自若。

让那些你陪我一起看的风景,一去不返。

让那些携手共度的人生,一去不返。

让那些刻骨铭心的争执,一去不返。

让那些曾许下的海誓山盟,一去不返。

如果,我的成全能够带给你幸福,那么,我又何尝不是成全了自己?

"我们爱一个人、想一个人的时候,总希望对方也一样想着我们,岂知爱的最高境界,居然是忘了我!免得像我一样痛苦!"

有个叫刘墉的作家,他这么认真地说过。

他们为什么在一起,因为爱情

玛瑙石

有人说:爱情,就是一串串的泡沫,爱褪去,情完结,一切皆空。

有人说:爱情,就是一场肥皂剧,爱在情浓,皆欢之;爱走情凉,皆伤之。

有人说:爱情,就是一朵带刺的玫瑰,你爱我时,我娇艳;你弃我时,我凋零。

还有人说:爱情,就是当圆滚遇上纤细后,懂得相互配合,才能达到完美。

1

石榴遇见柳叶时,他说:是因为爱情。

柳叶爱上石榴后,她说:是因为爱情。

石榴的体型就如同石榴那般圆滚滚的, 那时柳叶的身材就如同柳叶般纤细。

所有的亲朋好友都不看好这一对情侣, 可他们却向世人证明了,圆滚也可以配得上纤细。

石榴来自东北,正宗东北爷们儿,经营着几家东北饺子店,身材高大胖壮,虽会说普通话,但也夹杂着浓重的东北腔,每次听他说"老累老累了""老好老好了"这类型的话,我都会笑得直不起腰,但他却总是一副非常认真的样子,甚是可爱。

虽已过三十,但在石榴哥眼中,他认为"男人三十如春天"。

2

他是我众多朋友中,最讲义气,最有人情味,会为了朋友两肋插刀的那种人,每次有困难,我都会找石榴,因为一切困难到了他那里皆不是问题,我觉得这是特爷们儿的表现。

石榴是独自一人来到南方发展的,那时我很不解地问过他,为什么大老远从东北跑到我们这江南水乡来了,光这气候就够他受,暂不提日常生活习惯。可他却笑着告诉我,他喜欢江南水乡的柔,就如江南水乡的女子那般。

已过三十的石榴是黄金单身汉,我其他的几个哥们儿都在二十九岁之前,跟单身贵族"拜拜"了。唯独这石榴哥,好似很喜欢单身的感觉。

当然这是我自己的判断,可后来发现,我的判断是错的。

石榴不是喜欢单身的感觉,而是在等一个人,一个有着江南水乡般柔情的女孩,而那个女孩叫柳叶。

3

那天我休息,石榴请我帮他一个忙,帮他送一份外卖到对面的书店。

我当时就纳闷了,为什么不自己去?他说他想看会儿书。看他明明是大老粗的东北爷们儿一个,什么时候也喜欢整那文艺的事情了?

在我的追问下,他终于坦白书是他自己去买的,主要目的是想给一个叫柳叶的姑娘留下一个好印象,然后希望有机会跟那个叫柳叶的姑娘多聊上几句。

一说起柳叶,石榴的话匣子就关不住了,他滔滔不绝地讲了老多老多,最后差点将我送入了梦乡,但最重要的一点我听清楚了,石榴说:这辈子,找老婆就她了。

看在石榴平时待我不错的份上,我答应了帮他这忙。

我提着柳叶姑娘点的外卖,以送餐小妹的身份,迅速地将饺子送到了她工作的地方。石榴还特别赠送了人家一杯爱心奶茶,当时我以为那只是一杯普通奶茶,柳叶姑娘却发现了端倪,茶杯的底部放了石榴事先准备好的小纸条。

我第一次发觉石榴这东北爷们儿身上居然也有浪漫细胞,甚是惊讶。

那是我第一次见柳叶,说实话,她除了美,还有一种文艺青年的气质吸引着我,她声音温柔,笑容如同莲花盛开一般,让人沉醉。那一刻我才明白,石榴为什么会那么喜欢柳叶。

就这样,石榴总是隔三岔五地跑去买书,每次都只买一本,这样一来二去的,两人渐渐熟络,有时候柳叶没有点饺子,他也会自己送去免费的饺子,厚着脸皮说是为了感谢她,因为他在她的书店所卖的书中学到很多知识。

后来,石榴一看到柳叶的书店进货,他就主动前去帮忙,扛书、搬箱子,反正各种体力活都抢着做,生怕柳叶累着。

后来的后来,他去得越发频繁,伙计们都笑他走火入魔了。

细细回想,年轻狂少的我们,似乎也干过这样或者那样疯狂的事情,为了一个喜欢的人或者喜欢的事,拼尽全力去奋斗,还乐此不疲。

4

渐渐地,柳叶对石榴的印象越来越好,她也慢慢地习惯了有石榴来书店的日子。

突然有一天,石榴消失不见了,就连我这个最好的朋友都不知道他去哪里了,他手下几个分店的员工们也不知道。慢慢地,有人说石榴肯定躲债去了,有人说肯定是他的店出问题了,还有人说他肯定回东北结婚去了,谣言的版本多得数不过来。

柳叶因为很久没有看到石榴,心里空落落的,多次跑到石榴的店里,有一天她直接找到我住的地方来问我,我也只能摇头答:"不知。"

柳叶心情非常低落地走回了书店。

半个月后,我接到石榴的电话,我把那家伙劈头盖脸地痛骂了一顿,最后我由骂变成了哭。

他说:"丫头,哥可能没多少时间了,哥得癌了,以后自己照顾好自己。"

我不敢相信,哭着说肯定是医生误诊,石榴不答,只是笑笑。

最后,石榴委托我帮他把名下几家餐馆的所有资产交给柳叶，他说这辈子柳叶就是他认定的老婆。他还要我转达柳叶，找个好人就嫁了吧。

我按照石榴说的，找到柳叶，把该交给她的东西都交给她。谁知道，柳叶死活都不肯要，她说："要我收下这些东西可以，除非他本人亲自给我。"

一周后，石榴出现在了柳叶的书店门口，踌躇不前，正想离开时，柳叶看到了他，冲了出来，怒吼道：你再敢不辞而别，今生就不要再相见。

第一次看见温柔的柳叶如此生气，原来文艺女青年发起火来也是那么可爱。

石榴很听话地不敢再动，也不敢转身，柳叶冲到他的面前，直接一巴掌甩到了石榴的脸上，我听着那声音都感觉脸上火辣辣地疼，柳叶姑娘突然哭着说："这一巴掌是你欠我的，谁让你不辞而别，你知道我有多担心你吗？"

柳叶姑娘哭得一发不可收拾，从没哄过女孩的石榴束手无策，向我求救，我觉得这样的场合，我离开才是最好的选择。

5

一场变故，让两个差点儿错过的人，走在了一起。

从那以后，每天在医院里都可以看到一个身材高挑的女生挽着一个身材高大胖壮的男生。

石榴的脸上充满了幸福的笑容，根本不像是个生病的人，柳叶跟石榴在一起时从不去算他还有多少天可活，而是争取每一天都和石榴做有意义的事情。

亲朋好友都劝柳叶，让她别傻傻地跟一个病人玩什么浪漫，谈什么恋爱，柳叶却笑着告诉他们：我们在一起，因为爱情。

经过一系列的治疗，加上柳叶每天悉心的照顾，奇迹说来就来了，石榴的病情在慢慢好转。

一年后的春天，我参加了石榴与柳叶的结婚庆典，现场布置得浪漫而又温馨，主持人问石榴与柳叶相同的问题：你们为什么在一起？

石榴笑成了一朵花，深情地看着柳叶，柳叶眼中泛着幸福的泪花，两人默契十足道：因为爱情。

现场掌声四起，这对幸福的新人相拥在一起。随着现场音乐的响起，在场所有的人都眼眶湿润。我被感动得一塌糊涂：真心祝福他们，他们能走到一起，真心不容易。

或许这就是爱情的力量，爱情可以伤害一个人，也可以给予生命以希望。

爱情不分国界、身份、地位，它只有一个很小的要求，那就是两个人必须相爱相依。

相爱是最简单的事情，它没有那么多的附加条件。喜欢就在一起，不喜欢就分开，哪来那么多磨磨叽叽的犹豫不决。等你再纠结、再徘徊时，本该属于你的爱情，都会飞得无影踪；当你想再拥有时，它已经弃你而去。珍惜爱情，才会拥有幸福的人生。

第三章

珍惜,是留给彼此最长情的告白

我们每一个人,总是喜欢伤害自己爱得最深的人,总以为我们有很多时间去弥补。而时过境迁之后你才发现:有些事一步都不能错。就像《半生缘》里说的:错了,就再也回不去了。

我们自以为是地认为,有很多青春可供我们挥霍,总是喜欢把背影留给最疼爱自己的人。等到有一天那个疼爱你的人已经遍寻不着,你才会惊慌失措。而那样的错过,注定成为一生中无法抹去的伤痛。

趁着我们还相爱,趁着我们还能够相爱,好好去爱彼此吧。永远不要把自己的背影留给自己最爱的人。

你要知道，有付出才能有收获

张　绛

　　想要拥有一份美好的爱情，一份清闲自在的工作，一份令人敬仰的梦想，那么你就一定要做些什么。这世上从来没有不劳而获的爱情、工作和梦想。只有让自己更优秀，你才能拥有你想要的爱情、工作和梦想。你要知道，有付出才能有收获。

　　列夫·托尔斯泰说：人生不是享乐，而是一桩十分沉重的工作。

　　享乐的人生，仔细想来，大概只属于青少年时期。那时候我们年轻、纯真，过着衣来伸手、饭来张口的日子。那时候的我们，根本不会为生计而犯愁，不会为生活中的种种琐碎无比的事情而烦恼。世间的一切，好像归为己有的，都是理所当然的。

　　懵懵懂懂时，即使犯错，例如偷了邻居家小弟弟的水枪和小妹妹钟爱的皮筋；一个不开心，跟心爱的小伙伴打架吵嘴。父母一顿呵斥，错误也就这么风轻云淡地过去了。童年上学，每天早晨有勤奋的父母忙忙碌碌地为我们做早饭。待做好了美味佳肴，才心疼地叫我们起床，然后是一路呵护，亲自送我们去校园。那时的我们会因为一个彼此心里都暗恋着的美丽姑娘，而动辄在操场的大草地上,剑拔弩张地打起架来。被老师叫到办公室里呵斥了整整两节课,放学的时候,看到那女孩朝自己微微一笑,便立即沉浸在幸福的喜悦里。

快乐,就是这么简单。

但我们的人生,不会永远停留在被家人呵护的状态中。终有一天,我们必须长大。

长大,就必须付出,因为有付出才能有收获。

一个厌倦了做护士工作的朋友深夜打来电话说:"荼蘼,我烦透了!医院成日忙忙碌碌,给病人打针吃药,不定期值夜班,还要受同事的闲言碎语,我亲眼见到一个个病人痛苦凄惨地号叫着离去,我真的不想干了!这样的工作,真的真的好烦啊!"

我问她:"那你想去干什么呢?"

"最好什么都不干,找个像宋仲基一样帅的男人,他负责挣钱养家,我负责貌美如花。"

我笑了,问她:"亲爱的,宋先生难道没告诉你一个道理?在所有爱情关系里,只有势均力敌的爱情,才是最长久的吗?"

走在大街上,你羡慕那些帅气的男人身边站着的是一位美丽优雅的女子。你忍不住心里感叹:两个这么配的人,怎么就能在芸芸众生里,找到彼此的呢?为什么我这么命苦?

其实,也许这就是所谓的"门当户对"!他优秀,我也不差!彼此都努力,独立,自强,自信,优雅,能干,即使不能坐拥江山,至少他们在自己的专业领域里，都是能够独当一面的人物，不用你去介绍，他们也必定能在茫茫人海中很快捕捉到对方。

优秀的人儿，从来就不缺被发现、被欣赏的机会。

掌声四起，彼此都光芒四射，即便相互调侃起来也势均力敌，这才是最稳固、最坚实的爱情。

他非常优秀，众多的女孩早就虎视眈眈，在这个女追男隔层纱、女性越来越开放的时代，你不活出一点自己的样子来，怎能轻易引起他的注意？

他在日夜操劳着工作，一路披荆斩棘，收获着自己的奋斗成果。而你却坐在温室里，一边喝茶或品咖啡，一边做着不切实际的美梦。对不起，别说他看不上你，作为同性，连我都觉得你不劳而获的想法太可耻，你也根本配不上他！

香港歌手容祖儿在一次采访中曾说：我不喜欢工作，但是我所有的价值都来自于我的工作。如果不工作，我会不开心。

众所周知，容祖儿在美女如云的娱乐圈中，根本算不上一个美女。她个子不高，外貌既不甜美，也不妩媚动人，甚至连清纯佳人都算不上。如果非要用什么词来形容她的话，我觉得只能是：特别。

一个长相普通的女孩想在娱乐圈立足，并放出耀眼的光芒，可想而知，这并不是一件非常容易的事儿。据说刚出道时，容祖儿就因外表不够靓丽，还长着龅牙，而受到他人的嘲讽。但是，这并不影响她日后为了成功而努力地付出。为了减肥,她坚持练习高温瑜伽,并根据自己的性格及身体特征,特意请了教练,制订了一套减肥大课程。每天坚持高温瑜伽外,忙碌之余,她还坚持打羽毛球、骑单车,吃素不吃肉。

这么一个长相格外普通的女孩,因为对自己极度严格,甚至达到了苛刻的地步,而最终收获了她的成功。我们留意一下,就可以看到,几乎香港所有的歌曲奖项里,年年最受欢迎的女歌手,无一例外都是她。

那首脍炙人口的歌曲《挥着翅膀的女孩》,让她红透了半边天,也让她登上了中央电视台的春晚。那一年,她是多么楚楚动人、夺人眼球。谁敢说她不美丽?

不禁想问:明星都那么努力了,作为普通人的我们,谁还敢有那么奢侈的不劳而获的幻想?

朋友们,不劳而获的幻想,一碰就会碎的!

自由工作者,他们很自由吗? 不! 他们要承受一定的社会压力和世俗的眼光,要靠自己独自在社会打拼、独自承担风险,担负起对于自己甚至家人的责任!

一个普通的家庭主妇,不用在单位与家之间奔波,她就是幸福的吗? 不! 她要承担更多的家庭责任,照顾老人和孩子,学会做一切的家务,每天都要到拥挤的菜市场买菜,在挑挑拣拣中度过自己的一天。

但是这些还不够!她在学会这些的同时,还必须时时刻刻更新自己的思想,让自己跟上时代的脚步。一旦与时代脱节,她们便会被困于家庭之中,并且渐渐与丈夫、孩子产生代沟。

看,这是一个需要对自己、对别人都负责的社会。没有压迫感,人生不会多么美好,至少不会如自己向往的那般美好。

我们必须时刻保有一份责任心。责任,就是一种忠于内心的付出。

没有人会像父母一样,心甘情愿、不计回报地照顾你一辈子!

只有敢于付出的人,才能收获自己的幸福。

另外的一个朋友小幽,跟这个护士朋友恰好相反。

小幽家境比较富裕,不说炊金馔玉、富可敌国,至少比普通家庭要富裕很多。她偏偏还生得貌美如花,肤白清秀,无论她往哪里一站,都会吸引无法目光。

任哪个女子都羡慕她。

可是你别只羡慕她的外在条件,她更出众的却是内在美。

她为人低调到在大二那年,英语六级就考过了,却连班主任都不知晓。大学还没毕业,她就考上了上海的一所牛气的大学,人家录取通知书只看了一眼,便扔掉了。

我好想说:小幽,你不要,好多人争着想要呢!

她的愿望只有一个:上北大。除此之外,什么她都不放在眼里。

小幽为了读北大,可谓是日夜苦读。为了学习,她一股脑儿把所有跟北大有关的试卷全部买了来。她还买了几乎所有的习题集。

大四刚毕业,北大的录取通知书就落入了她手里。为了这个梦想,她熬出了一双熊猫眼。

我笑嘻嘻地开她玩笑:"小幽,你现在这种落入凡尘的样子,可真是拉近了跟所有人的距离。"

在我心里,小幽就是一个奇迹。她美丽谦和,温润如玉,勇往直前,而又热情似火。她好像从未真正满足过,仿佛时时刻刻都在创造着奇迹。难能可贵的是,她还那么低调,心地纯良!

这份"奇迹",并不是小幽平白无故得来的,她也是通过付出才能得到如今的一切。她收获的是属于她的人生梦想。

想要拥有一份美好的爱情,一份清闲自在的工作,一份令人敬仰的梦想,那么你就一定要做些什么。这世上从来没有不劳而获的爱情、工作和梦想。只有让自己更优秀,你才能拥有你想要的爱情、工作和梦想。你要知道,有付出才能有收获。

抬起头，是为了看得更远

玉凡瑶

人生在世，仿若浮萍。记住，除了你自己，没有人能对你的未来负责。

世界很精彩、也很骨感，它不会因为你个人的失落而被改变。每天太阳从东方升起，最终从西方落下，日复一日，年复一年，灿烂如昨，不会因你而逊色几许。

如果你一味地低头埋怨，只会让自己深陷泥潭，无法自拔。因为你太过渺小老天不会独独为你而改变。

况且，上帝总是将我们一生中应该拥有的快乐藏匿于各个角落，而我们不断地努力、拼搏、坚持自己的梦想。就是为了找回散落的自信，找回那些被藏匿起来的快乐，从而成为更好的自己。

1

雷来了，要下雨了吗？

站在办公室的落地窗前，端着咖啡，允诺一脸平静。

二十年前，凭着自己的努力，费尽千辛万苦她才找到这份办公室文秘的工作，她主要处理企业信息，材料的整理与归档。虽然工作量大,但薪水也不错。身边的同事换了一茬又一茬,但允诺,一直坚守。可谁也没有料到,二十年后的今天,就是这样的一个女人竟遭遇了公司的裁员风暴。

公司日益发展,为了提高员工的工作效率,办公室已经逐步实现办公自动化。可对于她来说,系统是陌生的,她僵硬的手指在键盘上根本敲不出半个字。当年的轻狂洒脱已不在,此刻,她不安、惶恐,每天听着耳边助手啪嗒啪嗒敲着键盘的声音,她郁闷成疾。

当这一消息传开,允诺也曾试着再去找一份工作,可是不知道是因为市场经济不景气,还是因为她的精神状态不佳,遇见的工作总是不尽人意。

失落!彷徨!

曾经她一直以为,生活很简单,只要努力,只要勤奋,一切都将走向美好。却从未想过,如果有一天没了工作自己要怎么办?

生活是一个多元素组合体,它不可能像你想象得那么美好,但也不会像你想象得那么糟糕。有时,你可能脆弱得因一句话就会痛哭流涕,但有时你也会发现自己强大到能够战胜一切的困难。

正如莫泊桑所言:人的脆弱和坚强都超乎自己的想象。而潜力与爆发力,想是谁都无法预料与想象的。坚守的路上,你若能坚持别人所不能坚持的,这就是你的过人之处。

2

渐渐地,办公室里已经有人开始议论,说允诺的助理小马,就是来接替她工作的,只是这份工作繁杂,不是一两天能学会与接手的,现在剩下的只是时间问题。

听到这些议论,允诺只是笑笑,每天她还是如往常一样,尽职地工作。虽然她知道,如果有一天小马能完全掌握自己的工作内容,那一天,肯定是她下岗的日子,公司不可能多养活一个吃白饭的人,而自己也的确跟不上现在的办公要求。

生活中,人们在忍受世间种种苦难的同时,却忘了我们的存在本身就是一种幸福。无论生活带来什么样的挫折和磨难,我们还能微笑,还能在每个早晨醒来,看见自己最亲的人在身边,这就是幸福。

人都是很骄傲的,因此,当允诺坐在朋友聚会的餐桌上,当在座的人都在说着自己的月薪、房子的时候,她忽然觉得那一刻自己如坐针毡。

"诺姐你瘦了,最近都忙些什么?"朋友小艾问。

"有什么可忙的,我都快成无业游民了。"

允诺笑笑,掩饰着嘴角的苦涩。

"怎么可能失业,是你把老板炒了吧?"

"公司裁员,看来我难逃厄运。"

"是你自己要求太高了吧?"旁边坐着的小燕嘿嘿偷笑,"听说你前几年自学考试都过了,咋的,还想全力考研啊?"

话音刚落,又是一阵嬉笑,没有人相信允诺会被公司初定为刀俎上的鱼肉。因为她一直是一个工作勤恳的人,在大家的眼里,她的工作生涯已经趋于平静,除非她自己想折腾,否则不会有太大变数。

在朋友的喧闹中,允诺竟然感受到压力,像她这样的人,怎么可以失业? 可是,暴风雨真的快来了啊,然而没人可以看透她的心思。

大家都在忙着成长,根本不会有人为你承担所有的伤悲,包括你最亲的人。

出了酒吧的门,允诺没有打车,而是选择徒步回家。这个点,路上行人稀少,三三两两,街道上早已没有了白天的繁华。回到家里,丈夫正在书房画图纸。

"你说我还能重回事业的巅峰吗?"允诺一脸颓废。

丈夫笑着对她说:"相信自己,没有什么不可能的,除非你自己不愿意去做。"

允诺出了书房,站在客厅的窗户边,看着窗外安静的城市,她似乎有种豁然开朗的感觉。

3

在清浅的时光中,让生命尽显其该有的张扬与奔放。只要坚持,总会有不同的风景出现,收获不平凡的人生。

显然,丈夫质朴的几句话让这个耿直的女人得到了重生。

在没有成功之前,别人是不会意识到你的存在的,换句话说,你存在的价值一直处于"有待考证"的状态,能刷新纪录的只有你自己,这句话一点不假。

其实,生活本没有那么残酷,而对于人生,我们永远都走在学习的路上,因为我们不知道的东西实在是太多。

不要以为自己多读了几年书,多走了几年的路,多见过几个人,你的内心就强大了,其实你的视野也就是看得见这么一点点狭小空间。过分地高估自己,只会让你内心膨胀,因此局限你的目光,让脚下的路变得坎坷。

为了生存,就应该放下所有的包袱,放下姿态,以学徒的身份学会与世界好好相处。学会面对讥笑和嘲弄,其实也是一种成长,不是现实太骨感,而是你要学会去适应这个社会。如果你自己选择沉迷,谁还会给你机会?

那晚之后,她去报了一个电脑培训班,周末也有两个课时。努力做好本职工作的同时,允诺的时间变得忙碌,她将学习场所从补课班转到家里,又转到公司。在忙碌中,她收获了成熟。成熟是什么?此刻,她会告诉你,成熟就是害怕的东西依旧会害怕,但可以坦然面对。

身边的流言还在,那啪嗒啪嗒的键盘声还在,但是她却越来越自信。允诺明白,只要努力,即便不在现在的公司干,她依然能养活自己。

很多时候,当我们努力将自己变得更优秀时,我们会惊喜地发现,那些一直在困扰我们的问题,竟然都迎刃而解。所以,我们不需要将时间浪费在那些毫无意义的事情上,应该将心思集中在如何把自身变得更优秀上,将眼光放远一点。站得高,望得远,你强大了,一切自然会被改变。

三个月后,一切依旧,只是她的职位真的变了。昨天允诺已经接收到办公室主任的正式任命书,今天正在与助手小马做工作的交接。

一场虚惊的背后,却是一场人生的较量,灵魂的蜕变。可见使人失败的因素有很多,但让人成功的因素只有一个,那就是努力。抬起头,才能看得更远。

4

人生在世,仿若浮萍。

记住,除了你自己,没有人能对你的未来负责。想要成功,除了你自己,也没有人可以帮你。或许有,但那都是需要付出代价的,或金钱,或情感,或整个人生。因为人生路上,谁都没有义务一直陪你走到底。

忽地想起,正如王加斌曾说过这样的一句话:"成功的路上,没有人会叫你起床。"可见,你不坚强,谁替你实现梦想?

站在人生的舞台上,你会发现生命就是一场公平的比赛,在这一端,你努力坚持,那一端就一定会有更好的人生,更好的人在等着你。他也许正等着许你一生的好光阴,一辈子的春暖花开。

　　记住,千万不要看低自己,其实我们都是最优秀的。

他只是善良并不是软弱

一　介

　　他只是善良,并非软弱。你才是真正的懦夫! 瑶瑶最需要你时,你选择逃跑;瑶瑶不爱你时,你纠缠不休;在别人对你退让三分时,你得寸进尺。你以为童亮真打不过你吗? 要是你再不知好歹,善良的拳头必叫你尝尝其中厉害。

　　五年前,他写下:善良的心就像太阳。

　　我抚摸着这几个字,依稀忆起他当年模样,往事一幕幕上演。在这个下了一整天雨的星期天,我翻阅着老同学的照片和毕业留言册,忽而伤感起来。

1

　　同学聚会莫名流行起来,转眼毕业快五年了。原本分散在各地的同学忽而被聚在同一个微信群里。大多数时,我只是看看,不说话,群里的红包也不抢。被问聚会那天是否会来,也只是搪塞一句:"要看那天情况。"

　　心里最想见的那个人并未在群里出现。

　　当时不以为然,现在甚是挂念。当年深以为尼采那句"我就是太阳"才够味够酷,而今转而认同雨果:善良的心就像太阳。

善良犹如陈年老酒,人们需花时间方能品出其中真正滋味,可惜,为时已晚。我和他,注定只是一场错过。

我常想,我们都只是匆匆过客,即便有天大缘分相遇,转而便会分道扬镳,因此根本没有认真去爱的必要,既然初恋注定分手,癞蛤蟆配不上白天鹅,夸父追不上太阳,何必还苦苦地相守。

"我生来悲凉,原谅我不懂炽热爱情之福。"我曾经这样对他说过,现在多想收回。原来,我只是不懂自己,一直被困于生活的贫瘠之中而已。

他叫童亮,和我同系不同班。小说家爱写三角关系,现实中亦是如此。童瑶和我同班同桌同寝室,又和他一样姓。他似乎喜欢童瑶,通过我认识了童瑶。

我的大学生活枯燥无味,只知道学习和打零工,对热衷的恋爱、社团活动等一概漠视。绝非我清高孤傲,而是家庭环境逼迫我如此努力。我是丑小鸭一只,不善人际交往,只好凭实力说话。尽管老师赋予我的赞扬并未真正得到同学们的认可,但我不在乎。我不在乎那些不在乎我的人。他们在我心中连路人都不算。当然,我也没必要在他们的人生中扮演什么重要角色。

久而久之,我成了一只离群的丑小鸭。在我最难过的那个"冬天",我遇见了童亮,让我心酸的是,他却并非为我而来。

2

同样落单的童瑶偏偏喜欢和我在一起。我们只是常常一起做某些事情,诸如吃饭、去图书馆看书、外出打零工。我们同样家境贫困,一个眼神就能会意、填补彼此的无助,无须言明。

唯一不同的是,她比我漂亮,追她的男生很多。但她并不相信他们所谓的真心实意。不过总有例外,后来她还是被其中一个男生打动。他长得很帅气,身材健硕,他们走在一起,郎才女貌,非常般配。

我还听说那男生家境不错,后来两人居然在外面租了房子。任何人善意的劝说都被她认为是嫉妒。我一直保持沉默,他们的爱情,她愿意告诉我的,我听着,不愿吐露的,我一个字不问。同样,她告诉我的,不管是否要我保密,我都烂在了肚子里。

倒不是说我是什么保密君子,只是觉得没有与他人说的必要,也无人可去说。后来,不出三个月,她告诉我她怀孕了,想要征求我的意见。

我当然不知怎么办,让她自己拿主意。她向我借钱,她知道我后天会有一笔工资入账,数量不算少。我撒谎说工资提早领了,给住院的父亲付医药费了。

她的嘴巴动了动,没再说话,转身欲离去。我忽而叫住她:"他呢,为什么不去问他?"

"我们分手了。"说完她头也不回地走了。

她到处借钱的消息很快在班里传开。我充耳不闻,那是她的事,我的家境并不比她好,我需要的是先过好自己的生活,对她的困难，我亦无能为力。

童亮在我去图书馆的路上拦住我，我很反感。他多次向我打听童瑶的事情，我都装出一副和童瑶不熟的样子。"给。"他递给我一个厚厚的信封，"请一定要替我交给童瑶。"

我并未接过，她的事与我何干。

"拜托以你的名义给她，千万别说是我给的。"说完他把信封硬塞给我后，拔腿就跑，我哪里追得上他。

3

童瑶后来搬回寝室，过着和往常一样的生活。我们依旧一起学习、生活，彼此沉默着。有天晚自习我们依然学到很晚，九点才打算收拾书本回寝室，刚走出来就撞见她的前男友，我本想提前离开，童瑶却拉住我的手臂，示意我留下。

男生满口悔恨，想复合，童瑶一言不发。我不清楚他们之间究竟发生过什么，但我最见不得男生这副嘴脸，替童瑶回他道："破镜难圆，童瑶已经不爱你了。"

谁知男生向我投来恶毒的眼神："你以为你是谁，能替瑶瑶做主？"

童瑶忽而歇斯底里地冲他大喊："滚！滚！滚！你给我滚！"仿佛用尽了她所有力气。

男生不甘心，"扑通"跪在童瑶面前，拉扯着她的手臂苦苦哀求："瑶瑶，你再给我一次机会。都怪我不好，听信谗言才那样对你。我不该怀疑你,请你再给我一次机会,我一定会好好爱你。你看我以后的表现,好不好？"

"鳄鱼"的脸上还流下动人的泪来。

童瑶甩不开他的手,两人僵持着。童亮这时冒了出来,一下扯开了男生的手,把童瑶护在身后。我觉得他的样子帅呆了,后来我才发觉,就是在那一瞬间,我爱上了他。

男生所有的不满好像找到了宣泄口,他一拳打在童亮的脸上,童亮并未还手；男生又是一拳打在他另一边脸上,童亮还是未还手。我急了,叫道："童亮,还手啊,拿出你男子汉的气概来啊,别让我看不起你。"

然而被男生一阵拳打脚踢后,童亮仍未还手。直到童瑶冷不丁甩了男生一个耳朵,才结束了这场可笑的战斗。童瑶冷冷道："你今天就算打死他,我也不会和你和好。我不会,永远不会再爱上一个从心底长出恶疾的人。"

"我会改的,瑶瑶。每个人的人性中都有善、有恶的一面,我只是一时冲动。"男生还在垂死挣扎。

"不,我已看到你的恶,恶到骨子里了。再美好的爱情也阻止不了一颗恶种子的生长。"

"难道他就是一个完美的人吗？"男生指着童亮质问童瑶："你瞧他那熊样,被我打得无力还手,你能奢望他保护你吗？或许你心中他的善良不过是软弱无能的表现罢了。"

听到这里,不等童瑶开口,我不知哪里来的力量,站出来大声反驳他:"他只是善良,并非软弱。你才是真正的懦夫!瑶瑶最需要你时,你选择逃跑;瑶瑶不爱你时,你纠缠不休;在别人对你退让三分时,你得寸进尺。你以为童亮真打不过你吗?要是你再不知好歹,善良的拳头必叫你尝尝其中厉害。"

我想当时要是能多给我们些时间,也许故事的结局会有所不同。遗憾的是,我们都临近毕业,各自忙着实习。留在通讯录上的号码,也成了永久的符号。

待到两年后,一直生病住院的父亲康复后回到家里,我的生活有所好转时,心里忽而出现偌大的空洞,这个空洞在每当想起童亮时才会被填满。无奈记忆寥寥,只能靠更多幻想来填补。

从微信群得知童瑶后来嫁给一个我完全不认识的男人,生有一女,生活幸福美满。我们只是从彼此的朋友圈中了解到少许的消息,但那已足够。

我知道这个世上,善良的你生活幸福,我也好幸福。而童亮呢,他过得好不好呢?有次我偶然翻到高尔基的话:"善良——人所固有的善良,这些东西唤起我们一种难以摧毁的希望,希望光明的、人道的生活终将苏醒。"

我开始觉得,童亮的身上也有这种固有的善良,它是任何东西都难以摧毁的希望。我想童亮的人生也一定是明亮的,就像他的名字一样。

而我的心中，那原本以为无法消除的悲凉，也在慢慢变得温热起来。我努力使它接近善良，努力也想做个太阳。我希望有一天，过着美好生活的同时，有足够的力量行走在无情的岁月和残酷的现实中，希望遇见一个善良且努力的人，希望拥有明亮的人生。

　　因为善良且努力的你，配得上明亮的人生。

爸妈老了,该多陪陪他们了

胡雨唯

从小,我的心里就住着两位英雄,他们无所不能,总是在我最无助的时候给予我温暖,他们有着世界上最悦耳的名字,一个叫爸爸,一个叫妈妈。

许诺是个恋家的孩子,只要假期超过两天,她必定坐上十几个小时的火车赶回家里,哪怕只是住一晚,吃一顿妈妈亲手煮的面,闻闻爸爸身上多年不变的香烟味。

周围的人都对她回家的频率表示不解,更有甚者觉得她这是多此一举。来之不易的假期出去旅游或和朋友一起度过多自在,干吗如此折腾地回家呢?且不说回到家里难免会被七大姑八大姨追问一系列的问题,最关键的是爸妈在家里有吃有喝又有什么好担心。

每当此时,她都笑而不语。

每一次回家,许诺都深深地感叹时间过得太快,还没来得及好好和父母撒个娇就又要和父母分别。

最近许诺的妈妈迷上了十字绣,眼神不好的她偏偏每天都要绣上八九个小时,本想打击她一下,爸爸的话却让许诺哽咽。

"你妈说,绣十字绣时间过得快,一幅绣完,就能见到你了。"

这么多年,许诺心里一直刻着一段话,那是她第一次踏上去南方上学的火车,闺密发来的短信:"许诺,别总觉得你自己做什么都是对的,决定去那么远的地方上学的时候你考虑过家里吗?你知道火车开了之后阿姨哭得多难过吗?叔叔一根接一根地抽烟只是为了掩盖眼泪吗?你口口声声说的孝顺就是这样的?"

"许诺,又是你妈的电话?"朋友小琴打趣道,"不知道的还以为是你男朋友呢,一天三遍地做汇报。"

"跟男朋友有什么可聊的。"

"我还想说跟爸妈有什么可聊的呢!二十多年的代沟啊!"

"我倒是觉得代沟这个东西没有那么夸张,只要你多和他们聊聊,父母有时候虽然不能理解你的想法,但是却能了解你!"

许诺指着不远处的一对母子:"你看,二十多年的代沟一直都在,小时候怎么不觉得呢?还不是我们觉得自己长大了,翅膀硬了,赶上潮流了,就有资本嫌弃他们老土了。但是细想想,咱们就算变成了国家主席,一样没有资格嫌弃自己的爸妈,要不是他们手把手地教育,哪会有今天的咱们?"

"我倒是没有嫌他们,就是觉得有时候和他们说话太累。"小琴叹口气,"时间久了,就不爱说了。"

许诺想起一个故事:一个父亲指着树上的小鸟问儿子,那是什么?儿子说,是麻雀。父亲又问,那是什么?反复几遍后儿子不耐烦起来,并觉得父亲脑子有问题,还发起火来。父亲有些局促,回到屋子里拿出本子,让儿子大声地念出来:"今天,儿子问了我21遍树上的鸟是什么鸟,我耐心地回答了21遍。"

父母对儿女的耐心能达到如此地步,可是孩子们却总是毫无耐心,不愿意将心思多分给他们。

小时候,我们将时间分给好朋友,爬山下河,玩得不亦乐乎,父母喊上好几遍才恋恋不舍地摸着咕咕叫的肚子跑回家里,心情好的时候会给他们一个拥抱,心情不好的时候直接嘟着嘴走到饭桌边埋头吃饭不理人;后来,我们有了更多的朋友,觉得该把心事说给更懂自己的人,和小伙伴挤到一张床上,偷偷地咬耳朵,或哭或笑;年纪再大些,我们有了男女朋友,恨不得每天都腻在一起才能显示出爱情的甜蜜,纵使回到家里,也要躲在卧室里继续那煲不完的电话粥。

渐渐地,我们发现父母离自己的距离越来越远,无论思想上还是行动上。我们也不愿意和他们分享自己的小秘密,有时候还会发自内心地喊上几句"你们怎么那么烦""好了好了,我不和你说了""你根本就不懂我"。

然后,我们回家的时间越来越少,和父母说的话越来越少,敷衍的时间越来越多。

毕业之后,有人去了离家几万里远的地方工作,每年能回家的次数屈指可数,更习惯了一种"报喜不报忧"的模式,自认为如此便能不让父母担心。殊不知你还未来得及沾沾自喜,最懂你的爸妈便早已听出了你话语里的疲惫和心酸。

我们总是觉得自己工作是为了减轻家里的负担,整日拼搏也是为了给父母提供更好的生活环境。只是当一笔笔钱打到冰冷的卡里时,我们是否想过他们需要的到底是钱还是陪伴呢? 又有多少父母是把卡里的钱都攒下以备孩子的不时之需呢?

许诺想起家里有个邻居,大家都叫她王婶。妈妈说自己每天都能看到她站在楼下,远远地朝着火车站的方向望。伸长的脖子,跷起的脚跟,加上已经佝偻的背,样子是那么滑稽,可是谁也笑不出来。

就这样,岁月的侵蚀加上自我随意割舍,我们的身影从他们的世界中慢慢淡出,只是父母那颗爱子如命的心脏上,早就刻下孩子从小到大的容貌。不论岁月如何侵蚀,也抹不去孩子那清晰的音容笑貌。

许诺有个叫张云的男同事,外地人,用为数不多的工资租了个两居室,把爸妈接来一起生活。每天中午吃着妈妈做的饭菜,下班准时回家,如果有聚会,必定打电话回家表示抱歉,并告知几点可以到家。

他们不止一次聊过,许诺从心里敬佩他对父母的耐心和陪伴。

"爸妈为我辛苦了一辈子,现在我有点儿本事了,就该把他们接到身边一起过日子,虽然不能锦衣玉食,衣食无忧还是可以的。"他双手撑在阳台的栏杆上,"他们年纪越来越大了,每次看到我爸不再挺拔的脊背,心里都有一股说不出的滋味,你明白吗? 我不想留下任何遗憾,子欲养而亲不待,那种撕心裂肺的痛,我并不想尝试。"

"我当然明白你的意思,但是到了一个新的环境他们不会不适应吗?"许诺问。

"虽说家里面左邻右舍能随时说说家长里短,并且有人觉得我这样很自私,但是,我仍然相信不论多交心的老朋旧友都比不上每天能见到的子女,毕竟家的味道哪是那么简单就能替代的。"张云忽然转过身来,皱紧眉头,苦笑道,"两年前,我妈因为心脏病住院,为了不让我担心,谁都没告诉我这件事。许诺,你知道吗? 我差一点就成了没妈的孩子。"

"那你是怎么知道的? "此刻许诺深深地感觉到,都说男儿有泪不轻弹,只是未到伤心处。

"后来我听到医院的一些声响,要求和妈妈视频,我爸一看瞒不过去了,才支支吾吾地告诉我。等我赶回去的时候,只能隔着玻璃窗看她在监控室里静静地躺着,像个水晶娃娃,稍不注意就会碎满地。天知道那次我妈的病有多凶险! 我也不怕你笑话,在这件事之前,我一个月才给家里打一个电话,别说身体力行的陪伴了,连多说句话都觉得是负担。"他长舒一口气,有些释然,"但也多亏了这场病,让我真实地感受到,他们都老了,我身为人子必须给予他们该有的温暖。人总是喜欢在失去的时候才后悔,却发现已追悔莫及。"

"听你这么一说,我觉得自己什么都没做到。一直想把他们接到身边却总是顾东顾西的。"许诺低下头,"我虽然每天都打电话给家里,但是,给他们的陪伴真的太少了。"

"其实也不能这么想!你每天能跟他们打电话聊天,说自己的生活,听他们的细节,又何尝不是一种陪伴?外出打工的我们,能跨越一切障碍和父母生活在一起的又有几个? 只要能和他们做到真正的沟通,便是好的。"

小时候,我们的心里住着两位英雄,他们总是在我们最无助的时候出现,擦干我们眼角的泪水,将我们或是扛在肩上,或抱在怀里,给予我们百分百的温暖。他们有着世界上最悦耳的名字,一个叫爸爸,一个叫妈妈。

可是,慢慢地他们老了,发间生出了白发,眼角长出皱纹,脊背也不似之前挺拔。小的时候是他们牵着蹒跚学步的我们,现在,就让我们牵起那不再丰润的手,重走一遍当年的路吧。

不要把你的背影留给你最爱的人

希　洛

有人说:有多少失散多年的人,你寻他,转山转水转佛塔,再相逢,终也是隔山隔水隔佛塔。趁相爱,好好爱。世间有多少感情能敌得过时间。

我们每一个人,总是喜欢伤害自己爱得最深的人,总以为我们有很多时间去弥补。而时过境迁之后你才发现:有些事一步都不能错。就像《半生缘》里说的:错了,就再也回不去了。

我们自以为是地认为,有很多青春可供我们挥霍,总是喜欢把背影留给最疼爱自己的人。等到有一天那个疼爱你的人已经遍寻不再,你才会惊慌失措。而那样的错过,注定成为一生中无法抹去的伤痛。

趁着我们还相爱,趁着我们还能够相爱,好好去爱彼此。永远不要把自己的背影留给自己最爱的人。

1

第一次遇见洛小雨和陶小西,是大一刚开学。

我一个人拉着行李箱,背着包往宿舍走,就是在这时遇见洛小雨的。她手里只拿着一个手机,正戴着耳机听歌。她身后,是满头大汗的陶小西:左右手各一只拉杆箱,肩上大大的迷彩背包,活像一个搬运工。

中午一起吃饭,洛小雨跟我这个新舍友聊得不亦乐乎,但她一转过脸去看陶小西,就立马一副嫌恶的模样。陶小西像没看到一样,一脸宠溺地只顾给洛小雨夹菜。

以后的日子,洛小雨每次跟我提起陶小西,都是一副抓狂的样子:她觉得自己一定是上辈子欠陶小西的,要不然,茫茫人海中,为什么偏偏安排自己从睁开眼看见这世界起就遇见了他,然后还让他一路从幼儿园跟着自己到了大学校园。

不过有这么个好闺密还不错。我俩打游戏累了,洛小雨一个电话,用不了半小时,她最喜欢吃的肯德基就会送到;我俩在图书馆看书,一出门发现下雨了,不用掏手机,一准会看到陶小西一手一把雨伞地站在图书馆外面。

我羡慕嫉妒洛小雨有这么一个忠心的青梅竹马, 可洛小雨却满脸嫌弃:"谁要他这么忠心啊,你难道没发现因为他的存在,本大小姐这么一个校花级别的人物身边连个异性都没有吗?"

看着她的神情,我会替陶小西感到一点点难过:这个在别人眼里也算是男神级别的帅哥, 怎么在洛小雨眼里就这么没地位呢? 难道,真的是因为太熟悉,太亲近,太宠着洛小雨了,所以她才会理所应当地接受他的关心和爱护, 而给予他的却总是冷脸或者背影?

看来,《诗经》中说的"投之以桃李,报之以琼瑶"这般美好的句子,到这一对青梅竹马身上,是完全用不上了。

2

大三的时候,洛小雨神秘兮兮地告诉我她恋爱了。

我往自己的笔记本上抄写着陶小西帮洛小雨做的大学物理课笔记,问她陶小西知道不。

洛小雨一脸不屑:"当然知道。他说了,我早晚得知道这世界上骑白马向我走来的不一定是王子,也有可能是唐僧。我觉得他才是唐僧,还是《大话西游》里的唐僧。"

我无语:陶小西在洛小雨面前确实像唐僧。

我和洛小雨都贪玩,洛小雨尤其不爱用功读书。每次高等数学和大学物理课的笔记,都得陶小西替她做——所以学校经常会出现这样奇怪的场景:法律系的系草陶小西总是逃课,去设计专业听高等数学或者大学物理课。

每次听完课回来一起吃饭时,他都会唠叨:"快考试了……"而洛小雨不是满脸的嫌弃,就是干脆扔了筷子直接转身离开,给陶小西留下一个潇洒的背影。

周末说好三个人一起吃饭,洛小雨因为所谓的"恋爱"便爽了我们的三人约。我和陶小西坐在咖啡厅聊天,看着灯光打在他的脸上,我问:"洛小雨跟别人约会,你真的不介意吗?"他抬头笑:"没事,她总有一天会知道,骑白马的王子真的不适合她,只

168

有唐僧才适合。"

看着他自信和宠溺的眼神，我忽然很想告诉洛小雨：这个男人真的是从骨子里在爱你，已经爱到了可以包容你一切任性的地步。

可是为什么洛小雨总是看不到他的付出，并且总是用背影和冷漠来回报他呢？

是她没看懂自己的心，还是熟悉的地方真的没有风景？

3

当洛小雨跟我说她失恋了的时候，我没有丝毫惊讶。

只是后来的事情却让我吃惊：她申请了美国交换生，因为她觉得陶小西总是在她的生活里走来走去，让她不能安静地看懂自己的心。其实所谓的恋爱只是场闹剧，她只是想逃开陶小西的保护，有一个自己的私人空间。

再有洛小雨的消息已经是几个月以后。她发给我一张照片，是一个漂亮的背影：长长的秀发已快及腰，T恤短裤，拉着一个小小的行李箱。照片下面有行字：待你长发及腰，少年娶你可好。

我打了一个嘲笑的表情过去：你终于觉得你该嫁给那个等你长发及腰等到头发都白了的少年了？

她发过一段语音："你总得让人家学会长大啊。我不离开他，怎么会知道他对我有多重要。"

我把语音翻译成文字，截屏，发给陶小西。很久他才回了个得意的表情过来并说:"我早告诉你结果的,是你自己不相信。过几天我们学院有个调研要去绵阳,明天就走,你要不要给我送行?"

我自然不能给他送行,因为我还埋在实验室里努力奋斗着。

我把这个消息添油加醋地发给洛小雨:"据说这次陶小西的队员里有美女哦,你有没有危机感?"洛小雨满满的自信:"我的唐僧,谁也抢不走。"

我的实验刚做完,就接到了洛小雨打来的电话,她哭着告诉我陶小西出事了。

是山体滑坡,整个大巴车被埋,三十几个乘客加上司机全在里面,有陶小西和他们组的队员。

我握着手机不知道该怎么劝她,满脑子都是那时陶小西自信而宠溺的眼神,我很想问问洛小雨:他那么爱你,每次你甩给他一个背影时,他都会黯然神伤,这些你都知道吗?

4

再见洛小雨,已经是几年之后。

毕业以后,我留在了那个城市。工作疲累时,经常一个人去那间我们三人约会的咖啡厅坐着。再后来有了男朋友,便带着他一起去喝咖啡。

看着窗外的霓虹流转,有时会想起陶小西和洛小雨,然后就会收敛起自己任性的利爪。偶尔两个人拌嘴,我也想任性地摔下筷子离开,这时脑子里总会条件反射地响起洛小雨最后打给我的那通电话的内容,然后拼命地告诉自己:他喜欢的是你的眉目如画,千万不要依仗他的宠溺,总是把自己的背影和冷脸留给他。

我是在咖啡厅一边喝着咖啡,一边安静地等待迟到的男友时看见洛小雨的。

她长发已经过腰,依然眉目如画,身边是一个戴着帽子的男子。我没有走过去,只是远远看着洛小雨巧笑倩兮的样子,看她慢慢地搅拌着眼前的咖啡,然后温柔地递给身边的男子。收起了利爪和冷面的洛小雨有一种被岁月沉淀后的成熟的美。

她先看到了我,掩口轻笑着跑过来,坐在我面前。我俩互问了彼此的近况。时光流转,我们都学会了收敛自己的任性和情感。

她冲着那个男子的方向扬了扬脸,仿佛在诧异我为什么不问,我轻笑:"你快乐就好。"她满脸温暖地笑:"笨蛋啊,那是陶小西啊,你居然不认识他了。"

那个晚上,洛小雨跟我说了很多关于陶小西的事。原来她第二天就飞回了国,然后直接去了绵阳。陶小西确实在那三十个被埋的人里面。营救队伍挖了三天三夜,所有人都觉得没有了希望,劝家属回去,只有洛小雨不死心。

她说她自己那几天才是真正的唐僧,她不停地冲着被埋的大巴车的方向说话,她觉得那几天她已经把自己一辈子的话都快说完了。她冲着陶小西的方向念叨他在自己日记本上写着的话,念叨他对自己许下的诺言,念叨两个人从幼儿园一直到大学的点点滴滴。

是第五天吧,营救队伍的生命探测仪探到了生命的迹象,不敢再动用车辆挖掘,洛小雨跟着营救队员一起用手挖,挖到十个手指都出了血。

她抬起头冲我轻轻地笑:"好在我真的很幸运,我找回了他。虽然他已经不再是视我如生命的陶小西,但是他在我身边,足够了。"

我没插嘴,安静地等她告诉我。她还是那么云淡风轻的:"他被埋时间太长,脑部缺氧受损,记忆缺失了。"

我看向那个原本也是眉目如画的男子,他抬起头看着我,目光如婴孩般澄澈。洛小雨在我耳边轻声说:"之前的二十年一直是他迁就我,之后我得用二十年的好几倍来迁就他了。我是不是赔了?"

我的心里有点酸涩,更多的是暖:"笨丫头,你应该知道的吧。爱一个人,付出要比索取快乐得多。所以,你现在是赚了。"

5

我们每一个人都有一场不敢言痛的青春宿醉。只是有的人,酒醒后:阳光明媚,岁月静好;而有的人,酒醒后:杨柳岸,晓风残月。我们都在不停寻找自己失散的另一半,转山转水转佛塔,可很多时候,我们在山水之间擦身而过,等回过神来,再次寻找,却终究隔山隔水隔佛塔。

曾经我们以为我们的青春很长，可以肆意挥霍，于是我们任性地做我们自己想做的事。因此不知道，时间其实就是一只藏在黑暗中的手，在你一出神、一恍惚之间，斗转星移，一切都已变得不同。

　　很多时候，我们以为一切都可以重来，而当看着自己爱的人眼睁睁地从我们身边走过，再不回头，我们才慢慢了解到：爱情和亲情一样，是有时效的。如果你在爱的有效期里恣意挥霍，终有一天你会发现：你曾经把背影冷冷地丢给了自己最爱的人，而等你再转身想面对他时，他已经消失在小路转弯的地方，并且用他永不会回转的背影默默地告诉你：不必追。

　　所以，趁爱人还在，趁阳光正好，趁我们还可以眉目如画，让我们好好去学会怎么去爱那个他，怎么去爱这个世界。

姥姥的花园

希　洛

生活的本意是爱，谁不会爱谁就不能理解生活。趁着春光大好，让我们多种些花。等到花开，不经意在花海里徜徉一遍，衣襟就会沾染上香气。这样的日子，才是最美好的。

我听过很多关于热爱生活的名言警句，但没有一句如姥姥的话那样，一直住在我的心里。

小时候，跟妈妈一起回娘家，总是听到姥姥对妈妈和阿姨们说：做女人，要勤快点儿。把家里打扫干净，院子里多种些花，多撒些菜籽。等花开了，屋子和院子里都红红火火的，这样的日子过得才有滋味。

二十年前的一个五月，姥姥把最后一把花籽撒在园子里，便匆匆离去。

等姥姥的园子花开成海时，姥姥的坟头已经冒出了绿草。我和妈妈在坟头撒下的几颗花籽，也在风里快速地顶出嫩芽，长出叶子，在秋天到来前，开出了五彩缤纷的花朵。

姥姥年轻时是大户人家的女儿，四岁起就跟着太姥姥学女红,会绣漂亮的枕头和门帘,会针脚细密地缝制自己的旗袍。太姥爷很是宠爱这个唯一的女儿,姥姥长到七岁,太姥爷便让她跟几个舅姥爷一起上私塾,还单独请了女先生教姥姥琴棋书画。到十岁时,姥姥已经读完了"四书五经",能用毛笔描下厚厚的柳公权书法作品,用古筝流畅地弹出《高山流水》。

姥姥十二岁时,太姥爷一病不起,临终前把姥姥叫到跟前,当着家里几个男丁的面儿,把钥匙都交给了她。用姥爷的话说:虽然姥姥是家里的老幺,是个女孩子,但她的能力远比几个哥哥要强。而且,姥姥是一个能让家变得充满生气的人,由她管家,几个哥哥再不学无术,太姥爷也不怕家被败光了。

太姥爷前脚一走,几个舅姥爷就逼着姥姥交钥匙。谁都知道,那小小的一串钥匙,可是掌握着整个家族的经济命脉。况且,姥姥再强,那时也不过是个十二岁的小丫头片子而已。

姥姥自然不会让几个哥哥得逞,她睡觉的时候都要把钥匙拴在裤腰带上,不管几个哥哥怎么威逼吓唬,她都不肯让钥匙离开自己片刻。

几个哥哥看着姥姥越长越大,心里越发着急。在外人的撺掇下,他们换了方法,从姥姥十六岁后,他们就开始走马灯似的给姥姥领来十里八乡的年轻人,美其名曰:姥姥已经长成大姑娘,该找个好人家嫁了。

姥姥没反驳哥哥们的话。她昼夜不休地打理着太姥爷留下来的产业:百十来亩水田旱田需要春天耕种夏天锄草秋天收割;一到秋天收割完庄稼,碾坊就得雇人昼夜不停地工作;还有上百只羊,需要找人放羊、挤奶;还有马场里十几匹马需要按时配种驯服……她始终记得太姥爷的话:"人必得尽心尽力,才能让自己在人前立足,尤其是没有了依靠的女子。"

姥姥在忙忙碌碌中,总是会像太姥爷在世时一样,接济一下村里几户吃了上顿没下顿的人家;时不时带着她奇怪的药箱子,跑去别人家给生病的猪娃羊娃看病。太姥爷生前曾经说过的话一直是姥姥生活的指引:"钱都是身外之物,多帮助几个人才是分内的事,也是为子孙后代积德的事。"

就是这么忙碌,姥姥也没忘了哥哥们惦记的事:找个人家把自己嫁了。

姥爷是马场里驯马最好的驭手,每次姥姥去马场,他都会教姥姥骑马。太姥爷一去世,姥姥去马场的次数更多了,一来二去,姥姥竟然喜欢上了这个阳光的健硕青年。

姥爷放马回来的时候,总是在姥姥最喜欢的大红马的鬃毛上系上一束野花,有时是山间满地都是的紫色雏菊,有时是要到稍深的山里才能采到的芍药和红色山丹丹花,有时干脆就是牧马回来的河边随手揪的几朵黄色野罂粟。

用姥爷的话说:姥姥这么美的女子,只有花儿配得上她。

几个舅姥爷发现姥姥和姥爷之间来往密切,于是瞒着姥姥把姥爷堵在马场打得半死，让姥爷保证会离姥姥远远的。姥爷被打得很惨，可始终也没有松口。马场的小伙计怕出人命，急急慌慌地给姥姥报信，等姥姥赶来，几个舅姥爷已经逃之夭夭，只剩下吊在半空中奄奄一息的姥爷。

很多时候，外人的粗暴干预反而会促成一段连当事人都不确定的爱情。多年以后，当姥姥跟我说起她年轻时的故事时，说出这样一句让人唏嘘却又不禁颔首的话。

原本不敢确认自己对姥爷感情的姥姥，在看到悬挂在空中皮开肉绽的姥爷时，终于确认了自己对姥爷的爱。她把姥爷送到最近的大夫那儿，然后让人把几个哥哥找回来，她站在碾坊的锅台上，宣布了她的决定：等姥爷伤一好，他们就成亲。

几个哥哥没想到他们会弄巧成拙，可事已至此，他们已无法改变了。从姥姥进入私塾跟他们一起读书的那个时候起，他们就注定会败在姥姥手里。

一个比他们小几岁，比他们晚入私塾好几年的丫头片子，因为自己对的对子没成为最好的，便能一边哭一边重新写一夜的对子，姥姥跟他们认识的其他人家的大家闺秀显然不一样。而"在家从父，父死从兄；出嫁从夫，夫死从子"的条令，在这个妹妹身上显然一条都没能实现。

姥姥就这样把自己嫁给了姥爷。出嫁的前一天，姥爷跋涉了好几座山，采了各式各样的花儿，编成一个花环。剩下的花瓣姥爷小心翼翼兜在褂子里,回到家,一瓣一瓣地把姥姥布置的新房铺成了花的海洋。

姥姥出嫁的装束很奇特:没戴准备好的凤冠霞帔,而是戴着姥爷亲手编成的花环;头发没挽发髻,而是把一头乌黑油亮的头发披散下来。

出嫁那天早晨姥姥漂亮得像仙女,那身漂亮的旗袍嫁衣和姥爷穿的新郎服,每一针每一线都是姥姥亲手缝制的。

最好的婚姻就是两个心灵相通的人,最终能够走在一起。

爱花的姥姥最终嫁给了同样爱花的姥爷。虽然他们的身份地位相差甚远,但他们的内心是相通的,世间还有什么样的爱情能比心灵相通的爱情更让人羡慕和祝福呢?

结婚以后的姥姥只留下了太姥爷生前最爱的一间小房子——那间小房子临着村边的小河,小河边每到春夏就花开似海——剩下的产业,她一项一项地整理好,然后把几个哥哥叫到一起,给他们分了。

几个哥哥那个时候才终于醒悟:姥姥从来没想跟他们争夺家产,她只是把那些已经被他们几个经营得凌乱不堪的产业重新打理顺了,才又还回到他们手中。

最终还是小哥哥提议,把靠近河边的几十亩地也给了姥姥——不然,姥姥今后怎么生活呢?总不能守着一院子的花儿过日子。

姥姥没拒绝,她把靠近河边的那几十亩地分季节地种上了不同的作物:油菜花春天开出漫野的金黄,胡麻在秋天盛开成一片紫色的海,还有一片向日葵,夏天到来时漫野都是太阳花在闪烁。

临河的小院子里,姥姥种上了各式各样的花儿。从四月开始便有了一片一片的花开。姥姥喜欢把怕冷的花儿栽在花盆里,到了四月,开始了早晚把花盆倒腾到屋里,中午再搬出屋外的活动。

我长大后,妈妈遗传了姥姥的习性,总是喜欢屋里屋外地捣鼓这些花,我对妈妈把花搬来搬去很不以为然:既然天还不够暖,就让它们一直待在屋里好了。妈妈说:"你姥姥说过,花儿像人一样,不能太懒了,得晒太阳才开得好。如果老在屋里待着,不让外面的风雨吹吹,不让外面的阳光晒晒,永远开不了那么好看。"

妈妈说,那时邻居都喜欢去姥姥家里串门,因为四月一来,姥姥伺候的各种花儿都开始绽放,赤橙黄绿青蓝紫,把那个有点破旧的小院子装点得五彩斑斓。姥姥种花厉害,姥爷又是巧手,会修剪,好多从深山里带来的种子在院子里都能开花,没见过这些花的邻居们都纷纷来求要花籽。有时姥姥家开着房门,院子里的花香窜进屋子里,芬芳袭人。

我记忆中,姥姥是个满头银发的老太太,将近九十岁的人,头发总是梳得一丝不苟。她住在我家的时候,自己有个房间,房间一年四季干干净净的,一尘不染。窗台和地上都是花盆,整个屋子弥散着淡淡的花香。

每到清明，我就会想起姥姥来，想起她满园的花，和想象中她弹古筝的模样。想象她骑在马上，跟姥爷在原野间驰骋。

姥姥的花园永远散发着香气，浸润着我生命的每个季节，走过多少年，芬芳多少年。

想起海子的《面朝大海，春暖花开》："从明天起，做一个幸福的人／喂马、劈柴，周游世界／从明天起，关心粮食和蔬菜／我有一所房子，面朝大海，春暖花开。"

姥姥的小屋，就是这样一所房子：面朝小河，春暖花开。

而姥姥的花园，就这么一代一代传下来。现在每到春天，我的屋子也会变得五彩缤纷。

因为姥姥说过："做女人，要勤快点儿。把家里打扫干净，院子里多种些花，多撒些菜籽。等花开了，屋子里和院子里都红红火火的，这样的日子过得才有滋味。"

世界上最疼我的那个男人

希 洛

其实，世间有一种爱不需要拥抱、不需要语言，就这样安静地，如同一阵风。没有人看得到风的样子，但是，风一直都在。

龙应台在《目送》中写道："我慢慢地，慢慢地了解到，所谓父女母子一场，只不过意味着，你和他的缘分就是今生今世不断目送他的背影渐行渐远。你站立在小路的这一端，看着他逐渐消失在小路转弯的地方，而且，他用背影默默告诉你：不必追。"

1

我上初中第一天，他第一次请假送我。坐了两个小时公交，从车站出来，他一只手牵着我的手，一只手拉着行李箱，穿过好几条街，送我到一中。

十一岁，我第一次这么近地挨着他，肆无忌惮地握着他的手，走在喧喧嚷嚷的人群里。

放下行李，他很絮叨地嘱咐我要听老师的话，要有个女孩子的样子，不要再像小时候一样爬树跳墙……中午他带我到学校对面的小吃店吃炸酱面，要了一碟煮花生，然后给我要了一大碗面,他自己只要一小碗。

我送他到车站,他进检票口,我站在外面,用眼睛跟着他的背影一点一点往前挪,直到他的背影淹没在人群里。

在他送我上学之前,我一直认为他不爱我了。

因为自从有了弟弟,他好像把全部目光都凝在了他的身上,下班不再给我读故事书,不再用核桃给我刻小篮子,不再用纸给我叠纸船和酒壶。我跟弟弟吵架,他总是说:"都这么大了,还不懂得让着弟弟。"出差回来,他包里带着的不再只是给我的童话书,更多的是买给弟弟的玩具,都是我小时候想要却没买过的,比如大大的吊车,比如闪着光的玩具枪。

那时我最大的愿望就是考上一中,然后离开家,那样他和妈妈才会觉得我重要,或许会有一点点想念我。

2

记得读过一句话:父爱是沉默的。总觉得,这句话放在他的身上分外地契合,就仿佛,这句话,原本就是为了他写的。

十六岁时,我高三。

任性的我,在被物理老师用"怎么班里的女生都笨得像猪"的语言侮辱后,不顾后果地找到校长要求改科。那时已是高考前夕,我一直是被老师看好的学生。经过校长老师的车轮战术,我的改科计划宣告失败。

没有请假,自己坐长途车逃回家,一个人蒙头在床上,不吃饭也不说话。妈妈已经对我绝望，从我进家以后就一句话都不肯对我说。

出差刚回来的他，坐在我床边，翻看我画得乱七八糟的教科书，然后递过一个苹果："你确定改科后不后悔？你已经长大了，做一件事之前要先想好，这样做是不是对自己负责任。"

我感受着他手指传过来的温度，好像回到了五年前他送我上初中的那一天。

他陪我回到学校，他进校长室找校长沟通我改科的事，我等在门外，用眼睛看着他的背影，他的背竟然有一点点佝偻。

记得琦君写道：母亲的心／像针插／总是默默承担／不喊一声痛。

而看着他佝偻的背影，我恍然觉得，父亲的心又何尝不像针插？当我有意无意地伤到他的心时，他只是默默地替我抵挡着外界加之于我的伤害，不喊一声痛。

3

香港著名作家梁凤仪说：恐惧时，父爱是一块踏脚的石；黑暗时，父爱是一盏照明的灯；枯竭时，父爱是一湾生命之水；努力时，父爱是精神上的支柱；成功时，父爱又是鼓励与警钟。

二十二岁时，我大学毕业。

我依然在意他偏心弟弟，于是在毕业时没有跟他和妈妈商量，便把自己"发配"到了离家千里远的地方。他和妈妈听同学说起我的去向,连夜坐车赶到学校,却无法改变我已经签了名字的合约。

他只是替我收拾行李,收拾完,坐在空荡荡的宿舍里看地图,然后转头告诉妈妈:"地图上不太远,咱俩退休就可以去了。"

他要我拿出合约来给他看,然后絮叨地说:"一个人到外地要照顾好自己。在外边不同于你上学和在家。家人和同学老师都是你的亲人,他们会原谅你的任性和无意中犯的错误。到了外地,人生地不熟的,没有人会再那么包容你。

"你选择了做老师就一定要知道,做老师是需要耐心和知识的。小时候你读的书不少,该教给你的知识、人情我们也都教了,以后的路就得你自己走了。做老师不能只会识字,要能诗会画,还得会音乐。你的字一直练不好,自己得多努力,千万不要误人子弟。"

我看着昏暗灯影里的他和妈妈那不安的神情,回想起他牵着我的手送我上初中的情景,如同隔世,只觉得我长大了,他却一直不肯变。

就像费孝通说的:在父母的眼中,孩子常是自我的一部分,子女是他再来一次的机会。那时总是想,也许,我只是他实现自己理想的一个载体而已。

4

三毛在《流星雨》中说:我们的父母是恒星,我们回家他们永远是在的。

可惜,我真正理解这句话的含义时,已经是十年之后。

二十八岁时,我生了一场大病,在死亡线上徘徊了五天五夜,终于在妈妈从千里之外赶来的瞬间从鬼门关脱身。而远在老家的他,从听到我病危的那一刻起,就高血压发作住进了医院。

我病还没痊愈,他和妈妈就毅然地卖掉了家里的房子,来到我身边。

从那以后,每天下班回家时,我总看到他在厨房里忙碌:或者在给我擀面条,或者在给我烙葱花饼。我从小到大口味一直没变过,只是从十一岁离开他和妈妈住校开始,我就极少有机会吃他做的饭了。

他擀着面条对我说:"以后我和你妈哪儿都不去了,就在这里守着你,每天给你擀面条吃。"

我躺在床上翻着他刚买的书,嗑着他买菜时顺便给我买的瓜子,不以为然:"我才不信,等你的宝贝儿子大学毕业,你肯定得去他身边守着。"

他假装没听到,我也不再揭穿:快三十年了,他对弟弟曾经的偏爱,始终是横亘在我俩之间的一道沟壑,我跨不过去,他也跨不过来。

只是我开始慢慢地依赖他,比很小很小的时候更依赖:习惯于下了晚自习,他在胡同口接我;习惯于下雨的时候,他拎着伞等在学校门口;习惯了自行车有一点点不好骑,他便立刻给我收拾好;习惯于一进家门,先喊一声"爸爸"。

5

睡梦中,总是会记起他骑着摩托车或者踩着三轮车的样子。

骑着摩托车的他,年轻帅气而又潇洒,我坐在摩托车后跟他去爬山。他从来不等我,一个人爬到山顶,然后站在山顶喊:"快点爬才不会总是被我落下。"我忍着脚疼拼命向上爬。在他面前,我从来不敢认输,也不想认输。

我一直不知道他是什么时候变老的,只记得大雾中的三轮车和他蹒跚的脚步。过红绿灯时,我看到他有点不知所措的样子,忽然想起站在山顶上向我喊"快点爬"的那个年轻帅气的男子,只是一眨眼而已,他已经苍颜白发了吗?

只是他一直是那么好强,即使已经胃疼到彻骨,依然撑着给我们做饭。直到体检报告中那胃部阴影猝不及防地砸在我和弟弟心上。

还记得在医院时,他站在秤上,回头对我笑:"丫丫,这几天输液很管用。看,我今天体重增加了。"

我私下找到医生和护士,把他的药名全部换掉,他也笑着对来医院看望他的表妹说:"飞飞,姨夫没事,就是普通的胃溃疡,输液几天就好了。"

不敢当着他的面掉眼泪，我和弟弟去完医院总是先跑到肯德基会合，把憋了一天的眼泪都流完。然后洗干净脸，买好他最喜欢吃的皮蛋瘦肉粥，笑容灿烂地去见同样笑容灿烂的他。

他强撑着癌细胞已经扩散到肝脏的身体，陪我们去世界公园玩，去看弟弟新买的房子。每个下午，输完最后一组液体，他都让我带着他偷跑到医院外面，我俩坐公交车回弟弟家。一路上他给我讲公交车经过的每一处变化和不曾变化的建筑，告诉我，当年他带爷爷也是到现在他住的这家医院住院，这所有的路他闭着眼自己都能走。

大街上人头攒动，下了公交车，我走在他身边，紧紧牵着他的手，像当年他牵着我的手一样。

6

昨日读简媜的《渔父》。读到"后寻"和"捡骨"，我忽然想起那个白天，我们坐在车上，弟弟抱着他的骨灰，我抱着他的照片，每走过桥边或者隧道，妈妈都往窗外撒白色的纸钱，让我和弟弟喊："爸爸，我们回家了。"

想起那个傍晚，我跳到爸爸的墓坑里，一边扫土一边喊："爸爸，我们回家了，你自己看好路。"

想起他走的前几天，我把刊登着我《家乡四韵》散文的杂志拿给他，他露出的一丝笑容。

想起二叔去看他时，他无力的手执着地举着那杂志给二叔看,骄傲地说:"丫丫写的,登在杂志上了。"

我知道,其实他的爱从来不曾离开过我。

就像琼瑶说的:父爱这字眼是多么的平凡,但这种爱是多么的不平凡。

一株茉莉也许没有沁人心脾的芳香,但它永远会让你觉得清新,感到幽雅。父爱就是这样,犹如茉莉一样静静地开放。无论你在何方,父亲那慈爱的眼睛定会追随你一生。

那些你赠予我的美好时光

那 澜

　　谁年少无知的时候没遇到那么一两个奇葩? 谁青春无畏的时候没爱过那么一两个人渣? 成长的路上,总有那么一个人,会以一种近乎诡异的姿态成为你心上最狰狞的伤疤。当时,你也许慌乱无助,绝望挣扎,痛不欲生,悔不当初。可青春原本就是一种会生长的疼痛,再熬一熬,再走一步,一念生死一念天涯,再回首,也许你就会淡然微笑、轻松挥手,说:啊,谢谢你,曾赠予我的美好时光。

　　相黛遇见祁善的时候,是一个很美好的秋天的开始,祁善站在女生宿舍楼边高大的法桐树下, 手里捧着一部单反相机,他说:相黛,我注意你很久了。

　　相黛看着他,脸上半点多余的表情都没有,她说:"我没见过你。"

　　祁善说:"不晚,你现在见到我就可以了。"

　　对于这样的搭讪,相黛见怪不怪,她说:"稽查来了。"

　　祁善四顾,到底在她一脸冰霜下落荒而逃。

　　彼时,相黛大二,就读于一所全封闭式军事化管理的警察院校,是学校远近闻名的冰山美人。祁善大四,是无人不知无人不晓的花花公子,据说他行事散漫,不守规矩,早操不出,晚课不到,奈何长得很帅,专业成绩极佳,射击散打稽查等十项全能……总之,叱咤风云。

相黛从不将祁善放在眼里。祁善却认真对相黛发起攻势。他一贯嚣张,手里一部单反运用得炉火纯青,相黛的照片三天两头出现在宣传栏。并且,一批死党兄弟跟着起哄闹腾,相黛的名字稳居学校社区网络头条足足半月。

于是,相黛越发冷淡得不肯看他一眼。然后,祁善顺利背上了警告处分。作为某某警校第一个因为嚣张追女生而在毕业前被处分的同志,祁善一脸无奈。他拿着处分单站在相黛面前时,相黛丝毫不肯给予同情,就送了他两个字:呵呵。

祁善彻底改头换面了,那些深情告白、围观偷拍统统戛然而止,转而变为可怜兮兮的默默守护。警校读书规矩多得很,同学们之中盛传"八大怪":发了被子不能盖,衣服洗了不能晒,手机不能随便带,有了感情不能爱,天天上学把包带,下雨走路没膝盖,晚上睡觉跟猪赛,三餐吃饭比狗快。警校生活之枯燥乏味,条件之困窘无奈,可见一斑。到底祁善有办法,他大四,并不急于找工作,一门心思用在了照顾相黛上。那些个加之于他身上的光环也被彻底放下,他只管为她打水买饭陪训练,赶上相黛站岗值勤,他恨不得亲自替她才好。

那年,相黛生日,家中母亲失联,相黛自幼与母亲相依为命,如何能放心? 干脆请假奔回家去。八九个小时的火车颠簸后,相黛却因为一场雨被困在车站附近的小宾馆。夜里停电,电闪雷鸣,联系不到居住在小镇的母亲,相黛第一次感觉到了害怕。

祁善说:"阿黛,别怕,我在呢。我陪你说话好不好? "

相黛不理他。

他就这么一条一条地将信息发过来,刷得相黛的手机屏幕始终亮着。凌晨两点的时候,相黛说:"你别说了,我手机快没电了。"

祁善说:"阿黛,别怕。你背包侧边有备用电池和万能充。"

相黛目瞪口呆,进而热泪盈眶。

清晨的时候,暴雨停歇。相黛出门的时候就看见了祁善,他万分狼狈地站在楼下,他说:"阿黛,别怕,我在呢。"

人世间还有哪一句情话美得过此句:别怕,我在呢。只要短短的几个字,这个人就给了你一个可供依靠的肩膀。

也就是那一刻,相黛偃旗息鼓,祁善抱得美人归。

相黛的母亲生病,祁善亦不敢贸然出现在病房,只是事事做得十足周到,一心当好那个幕后英雄。倒是回程的时候,母亲问相黛:"外面那个一直帮忙的小伙子是谁? 人还不错。"

相黛满面羞红。

他俩的开端实在不算太美好,可世事难料,谁又能说得清呢。不得不承认,爱情就是这样奇怪的东西。开始得莫名其妙,燃烧得如火如荼,至于结局,谁管呢。我们不得不承认,青春时期我们最大的特权,就是挥霍与浪费。我们有大把大把的光阴,用来晒着太阳相爱。

回程的时候,祁善用大衣裹着相黛,让她在冰冷的绿皮车里暖暖地安睡,他说:"阿黛,你去问问你妈妈,让你嫁人吗?你去问问,你嫁给我,行吗?我会待你好,待她也像亲妈。"相黛装睡,祁善笑得一脸痴相。

日子就这么慢慢地过。在他的掌心里,那尊冰山美人化成绕指柔。相黛说,她喜欢这样暖暖的陪伴。他们在社团办公室听歌,用同一个耳机享受同样的脉动,有时候不说话,有时候闲聊。等着天色慢慢地暗淡下来,外面训练的声音停止——光阴就在他的眼睛里凝固成了琥珀的颜色。

那是青春时期最美好的光阴。相黛说,祁善是天底下最完美的爱人。在他怀里,相黛几乎可以为所欲为。第一次,她知道什么叫作安全和可靠。他是爱人,是兄长,是她从未拥有过的"守护神"。她终于再也不必披着冰冷的外衣,撑着故作的坚强,辛苦而坚强的度日。她终于可以放下一切,在他怀里撒娇、依靠、信任和交付。他说:"大概我生来就是为了守护你,除了你,我生命里再无他人。"

就在那年寒假,相黛的母亲病得越发严重,当医生宣告癌细胞转移的时候,相黛只觉一道晴天霹雳,轰得她万念俱灰。想不出是出于什么心理,她逃跑了。一路火车颠簸,她眼角干涸,连眼泪都流不出来,只有一颗心浸泡在一汪泪水里,异常苦涩。相黛说,那时候,她只想再栖息在祁善怀里,听他说:阿黛,别怕,有我在。

然而这场仓促的行程几乎将相黛彻底毁灭。当她依照地址找到祁善家的时候,穿睡衣来开门的陌生女子给了她致命一击。她这才知道,早在祁善动心追求她的时候,他家中已有一个青梅竹马的爱人日复一日地等他归来。

"分手吧。"相黛说出这句话的时候,万念俱灰。这个人曾经给予她的那么多的美好,此时都成了凌迟她的利刃,一刀一刀,毫不留情。

祁善哀求,进而哭求,跪在她面前发誓。他说:"我是真的爱你,是真的……爱你。你原谅我,求你原谅我。"

可爱是什么? 爱是占有,不能分享、不容分割。

相黛摇头,说:"不可以,我们分手吧。"

祁善却发疯地夺了她背包,抢了她证件,他说:"阿黛,我是真的爱你,你别怕,我在,我不会让你走的,阿黛,你也不想在这个节骨眼儿上节外生枝对不对? 我会了结这边,我会跟你走……阿黛,你要跟我分手,我就只好打电话告诉你母亲,说你在学校不正经,勾引男人……"

他表情从容,面带微笑,语气里没半点激动或者紧张不安,他就这么坐在相黛的面前侃侃而谈。那一刻,相黛恐慌得眼前发黑,无数激烈的情感冲击上来,让她呕吐得不能自已。

相黛说,她从不曾恨过什么人,也从不曾真正的惧怕过。那是第一次,她被自己最爱的人抛弃在了万丈悬崖边。那近乎囚禁的三天三夜,相黛不肯跟任何人提及,直到她跳窗逃走,并由此开始了长达十年的恨。这种恨,如同附骨之疽,一点点吞食她对人生的笃定、对爱情的信任、对未来的希望。母亲重病的那段光阴,相黛休学,然后迅速地消瘦下去。

至于祁善,这个人彻底消失了。相黛回归学校的时候,正赶上老校区拆迁。新校区光洁崭新,一如一张白纸。然而,那些恨还在,一日都不曾离开,一直伴随她,毕业、工作、相亲、恋爱……一秒钟都不曾离开过。

恨是什么? 恨是一壶孤独的苦酒,盛满你辛酸的醉态;恨是一道刻骨的伤痕,标识你失败的狼狈。恨是什么? 它是你内心跳动的火焰,每一次燃烧都是销魂蚀骨的痛;它是你眼眶里干涸的泪水,每一次想起都是刻骨铭心的悲哀。它使你自己画地为牢,把光明和爱都拒之千里。相黛彻彻底底,关了心门。

后来,相黛遇到了郁胜,两人想爱而不能。后来的后来,郁胜带相黛看了《灰姑娘》。辛德瑞拉说:"坚强而勇敢,仁慈而善良。"这个倒霉的姑娘一次又一次遭受着命运的不公,一次又一次在梦醒之后一无所有，但是她说："我想我一辈子都不会忘记今天晚上的美好。"

那一刻，相黛泪流满面。

我们都经历过青春无情的伤害。不管我们接受还是不接受，我们都必须承认，即便是伤痕累累、痛不欲生，我们仍旧没办法否认美好曾经存在。你痛得深沉，恨得淋漓，只不过是因为你曾经爱得投入，信得真诚。

是啊，就因为昔日曾美好，才显得今时更狼狈！可是，平心而论，当我们真诚地面对自己，坦然地回首往事，过滤掉那些为时已久的伤痛，真的能抹杀掉那些美好吗？那又何苦要为难自己呢？人生的路那么长，谁能保证一世无殇？淡然欢喜，寂静安和，我们在岁月深处寻觅的，何曾是恨？别让一叶障目、不见泰山，也别让那些曾经的美好彻底隐藏。其实，一切情感原本就在一念之间：一念爱、一念恨，一念天堂、一念地狱。

如此便不必恨了，跟往事挥手吧。然后，携带着那些残存的美好，信心满满地出发，许自己一段美好，追逐一个未来，然后：

踏实筑梦、平安喜乐。

不要总是觉得他对你好,不会离开你

玉凡瑶

安全感就是一句晚安,一句暖暖的问候。凌晨时分,简单两个字如最动听的催眠曲,夜夜伴着青珊入眠。

"我要活得精致!"

这是青珊对我说得最有魄力的一句话。

记住,没有一个人可以给你永久的安全感。来来去去,没有谁会为谁停留,最终留下的只是那一份沉甸甸的回忆。

出于情真,不论是属于爱情还是友情,这份回忆都同样炙热。学会包容,懂得感恩,感恩那些出现在你年华里的人,是他们教会了你如何勇敢,如何去抓取幸福,快乐生活。

1

天翊是一个典型的摩羯座男生,平时不爱多言。听青珊说,在一起的时候,他们经常好几个月彼此都不通电话。

认识他的时候,青珊和我组建的千墨设计工作室刚开始正常运转,这是一家服装设计工作室。

我惭愧地说,是不是我给她安排的工作多了。青珊摇头说,每次她打过去,对方都一直处于忙音或者占线状态。搞不懂每次他都在忙着什么。

打电话可以直截了当地将谈话内容表达得更明确、更透彻,减少时间损耗。

青珊是一个讲究效率的人,时间长了,她就不再跟天翊打电话了。她是一个地道的东北人,孤身一个人在广东打拼,遇到我之前,她在一家公司做服装策划总监。我们相见恨晚,于是组建了这家公司。

夜深人静的时候,青珊总会莫名其妙地想起他。于是,我整晚看见她躺在被窝里,阅读着短信。

"不知怎么,每次打电话他都不接。可是发短信,他却回复得很快。"

我一直不看好他们这段恋情,因为太过安静,安静得好似什么都没有发生过。

"我无法控制自己的内心,会忍不住去想他。其实,我很讨厌他的不做为,也曾努力地想要放弃这份感情,可……我无法否认自己对他的爱。"青珊笑笑,"在没有千墨设计之前,他是我活着的全部意义。"

我没有恋爱过,但是却尝到了一种爱的味道,是咸的,泪水的味道。

2

对于公司运作,我们分工明确。青珊是服装设计师,她主内。

我不懂设计效果图,只懂公司运营,我主外。所以,青珊一直很忙。而那时的天翊也一直在准备晋升的材料。

我经常看见青珊对着手机发呆,不打电话,就这么傻傻看着。

渐渐地,两个人见面的时间越来越少。平时不联系,只有在夜深人静的时候,才会给彼此发上一条短信。

后来,微信替代了短信,可天翊从来不给青珊的朋友圈点赞,自己也从不更新朋友圈。

"为什么不给我点赞?"

那日青珊的一张设计稿参选了国内一场服装设计大赛,得了第二名。凌晨一点,手机里冷不丁冒出一句:

"我永远在你身后,转身就能看见的地方。"

"那你为什么不发朋友圈?"

"除了妈妈,我的生活中只有你。"

再渐渐地,他们变成了柏拉图式的恋爱,甚至有时候两人见面都觉得有些突兀。但每天晚上,看见天翊发的"晚安"两个字,青珊就会踏实,因为知道对方如自己一般,正想着彼此。

或许,你会问安全感是什么?

此刻的安全感就是一句晚安,一句暖暖的问候。凌晨时分,简单两个字如最动听的催眠曲,夜夜伴着青珊入眠。

3

青珊曾自嘲说,她一无所有,除了梦想,剩下的只是这横冲直撞的青春。

她偶尔也会想到彼此的未来,可未来毕竟太过遥远,唯一能做的,就是努力,与千墨设计一起成长。

其实她的想法很简单,她只是希望,谈一场不慌不忙的恋爱;只是希望有一天,凭借自己的努力,能给对方带来幸福。

后来青珊得知,天翊的母亲反对他们在一起。

母亲从儿子的口中得知,她是一个来自东北的"漂一族"。那间工作室在他母亲眼里根本不值一提,如她所说,在广东的大街小巷,这样的工作室一抓一大把。

看透了世人的冷言相向与趋炎附势,天翊母亲最终冷冷地笑了笑,扔给了儿子两个字:分手。而天翊从小与母亲相依为命,对于她的话一向顺从。可他又不愿意放弃这段感情,于是这场缠绵的爱情,最终只能在深夜用短信来缓解思念的疼痛。

她知道,门当户对是父母心中根深蒂固的想法。可在婚姻当中,彼此的相濡以沫不应该是最重要的吗?

天翊生日那天,她忍不住问道:

"阿姨喜欢我吗?"

"我爱你。"

"我能为你做什么?"

"我希望你好好的。"

广东的夜很冷,站在雾霾厚重的晨曦里,青珊看不到前方,就像自己当年背着行囊站在广东汽车站时的情形一样,茫然,而又不知所措。

她笑着祝他生日快乐,笑到最后,两行泪便来了。

这是他们爱情的温度吗? 她依稀感觉到天翊手的冰凉。

4

每天等到天翊的晚安短信后再睡觉,已成习惯。

青珊曾笑着告诉我,她一天结束的标志,不是等到钟声敲响的十二点,而是等到天翊发的晚安短信。

"分手吧,得不到祝福的爱情是不会幸福的。"

这就是天翊两年来,留给她的最后一句话。

看到短信后,青珊一夜没睡,她不知道该如何结束这一天的行程。那句晚安仿佛早已调好的铃声,它不响,怎么知道新的一天已经来临?

那日,青珊坐在办公室里,忽然觉得心撕裂般地疼。设计效果图手稿被扔得到处都是。

她明知道那个人有多么的不值,可泪还是会忍不住流下来。她总是会鬼使神差地想起他,想起那个每晚对自己说晚安的男人。

赶上周末,她约我一起去酒吧喝酒。酒还没下肚,她的泪就来了。

"不就是没有钱吗? 钱算个狗屁!"

"我正努力将自己变得更好。努力提升自己,来与你门当户

200

对。可，你为什么不肯再等等我？"

我说不出更多，只是觉得爱情是毒，中毒的人想戒毒是根本不可能的。那晚，我与她将那个叫天翊的男人骂了一千遍，或许是一万遍，外加十个诅咒。

我担心，以为她会为此消沉，毕竟两年是一个很深的情感历程。可第二天推开公司的大门，坐在我面前的却是一个青春靓丽的青珊。

青珊开始用疯狂的工作去填补内心的空虚。她开始锻炼，每天坚持跑五公里，而且每天准时八点进办公室。

公司里的人都说她变漂亮了，我觉得她这样的状态更适合参加下一年的中国国际时装周，春夏系列展。我希望通过时尚舞台，展示出千墨的创新设计，从而在国际建树品牌形象，让千墨设计带着我们的梦想腾飞。

她拼命地加班，想要跟她喝杯咖啡都要提前预约，我笑她疯了。

"只是不想让时间浪费在那些无聊的事情上。"

很幸运，时间成了她治愈伤痛的良药。

其实，当你以一种博大的胸怀与这个世界相处的时候，你会惊喜地发现这个世界远比你想象得更为美好。历经痛苦与磨难，涅槃后的重生，才是你真正的成长。

5

天翊打电话给青珊，那时候我们正在酒吧庆祝千墨设计在这次时装周中获得了提名奖。

接到天翊的电话,大家都有些惊讶。我愤怒,立马站起来制止,我可不想失去一个如此优秀的合作伙伴。可此时的青珊却用食指贴唇,一副小女人的模样。

"你还好吗?"

面对话筒里传来的陌生而又熟悉的声音,青珊不知道该说什么,恋爱的时候彼此都很少打电话,现在分开了,没想到他竟然能打电话过来,这让她有些不知所措。青珊不安地看着我,我不屑的眼神告诉她,这个人有多么的不值。

"我看见了你和你的设计作品,在时装周上。"

"谢谢。"

"我觉得你过得挺不错的。"

"我只是过上了自己想要的生活。"

撂下一句谢谢,青珊挂断了天翊的电话。面对我一脸的担忧,她耸耸肩,一仰头,红酒下肚,对我露出了一个甜甜的笑容。

天底下没有不散的筵席!

这世间万物都有相应的保质期,时间到了,那就到了该说再见的时候。谁都不能保证会永远陪在你的身边,但也不是离开谁你就不能生存。我们努力,坚持自我,只是为了充分展示自我价值,过上自己想要的生活。

我坚信,所有的美好终会如期而至,而下一站肯定会有一个人,正等着许你一生的美好。

第四章

想做什么就去做吧

如果不是那个记忆犹新的场景，我差点就忘记了，她也曾将自己置身于一个举目无亲的城市里漂泊；也忘记了她是怎样独自忍受着孤独，又是怎样一个人对抗着整个世界。

恍然间，我忽地懂得，那日在车站我莫名感动的原因，或许我也应该是别人家的孩子，或许世人也皆是如此。

所谓矜持并不是掖掖藏藏

花底淤青

> 路走得久了,鞋子总要磨破。砾石地不温柔,去他的掖掖藏藏。我们要敞开来、正大光明地好好爱自己,爱全世界。

去年相约南京,赶上春雨纷纷、云朵绵厚的时节,梧桐树飘着鹅黄的绒絮,遇上湿漉漉的空气,宛若濡湿的棉花团儿。

老同学馨馨海外归来参加聚会,酒桌上落落大方地敬酒碰杯,许久不见,她已出落得亭亭玉立,如今我们照旧相谈甚欢,实属难得。

馨馨一直在做外交工作,性格温和,可热闹、可独处,礼貌谦让又善于活络气氛,梳着个精致的发髻,得体的黑色长裙也很是讨人喜欢。

她就像是一枝浅浅插在八角玻璃瓶里的红玫瑰,沾着珍珠似的露水,有溪水的气息。

觥筹交错之间,一熟友悄悄拍拍我的肩,又把脑袋凑过来,悄声说:"你瞧她,看见个男人就要扑上去似的,一点都不矜持!"

我哑然失笑:"她对待女生也是一样啊。"

熟友摇摇头，皱着眉看我，仿佛看着一个不谙世事的孩子。

我只知道，这四面八方栽成大林子，无论哪里都会遇上熟友这种人。他们习惯吃不到葡萄说葡萄酸，自己眼红还不够，非要拉着别人一起下水。他们以调侃优秀者为乐，借此抚慰自己卑微的自尊心。

我不喜欢背后说人坏话，但终于忍耐不得。散会后，我与馨馨同路而行，顺便将熟友的话婉转透露给她。

谁料，馨馨倒是爽快地为之一笑，道："你可知道，矜持并不是掖掖藏藏？"

恰逢天降雷雨，路边飞驰而过一辆汽车，眼见着要溅我一身污水，馨馨忽然跳到我面前一挡，伞朝外，慌乱之中我们避开了这场水灾。

那一刻，我突然觉得，一个女人怎能这样帅气！

馨馨的裙子溅湿一小截，我过意不去，与她拉拉扯扯着说了几句歉语，她笑着一拍手："一条裙子算什么，走，去我家里坐坐！"

有时候，友情像阵龙卷风，忽然间就席卷而来。这世界上，有些人有多钩心斗角，有些人就有多坦诚相待。

我们常常停留在只是说说而已的层面上，鲜少有人能为朋友真真正正做到两肋插刀。

可是，当馨馨替我遮挡污水的时候，我就知道这样的朋友可以深交。不用上刀山、下火海，一条裙子就能换来一段真正的友谊，也许值得。

她与我又都是爱恨分明的人，要不然，怎会那么巧地穿着或黑或白的单色裙子呢？我想，喜欢黑白两色的人，都懂得要与人真诚相待。

这种人或许矜持，但却敢爱敢恨，而不是遇事掖掖藏藏。

突然想起《甄嬛传》中的安陵容，她就是个掖掖藏藏的典型小女子，她的矜持就很肤浅。

见到华妃她要敬畏地抖三抖，见到皇后也要抖三抖，最后见到皇上，简直快要晕过去了。古代女人的矜持所在，就体现在一举一动上，要将手脚都藏起来，掩在袖笼里，笑不露齿，声若蚊吟。

嗯，你是不是想说真做作？对，这不是矜持，是做作。

回到馨馨与我的故事之中，一切就变得简单明了，没有旁枝末节，没有暗生敌意。要是聊得来，咱们就是朋友；倘若聊不来，说一句"对不起"然后再见，拿出不卑不亢与自信来。你不求谁施舍怜悯，也不指望孤独终老，那么做作干什么？女人得先站起来，才能谈矜持。

别说什么"女人的尊严就在这藏藏掖掖当中体现"，这种胡搅蛮缠的怪道理是行不通的。

矜持本指"手持仪仗矛"，《春秋》中记载的"仪仗矛"相当于礼仪军官的手枪，用来表示自信，也表示对宾客的重视。

矜持一词经常用于形容社交场合中女性的态度自信，举止则尺度分明，与男人保持着安全距离，以此表示她不是那种不怀好意的男人可以随便搞小动作、占便宜的弱小女性，因为她仿佛随身携带了武器。

你看！我们的矜持需要力度。不是小家子气，不是林黛玉般的弱柳扶风，更不是口蜜腹剑、表里不一。

馨馨对待朋友坦然自若，谈恋爱更是如此，她像威风凛凛的女骑士，在黎明的曙光中骑着白马奔行。

我想每个女孩儿都曾遇见这样一种情况：与男朋友约会，一举一动都要小心翼翼，生怕失了分寸，丢了女儿家的颜面，显得"饥渴难耐"。

而馨馨算是女生堆里的一朵奇葩。

她第一次在《红楼梦》研究宴会中见到那个她心仪的男人，男人黑发干干净净，西装革履，腰杆笔挺，皮鞋锃亮，绿宝石的袖扣熠熠生辉，是个不知名的《红楼梦》爱好者。

馨馨端着一杯红酒过去搭讪，脚下不是小碎花步子，而是阔步带风。

她开口第一句："嘿，我们可以交个朋友吗？这位哥哥，我好像在哪里见过。"

男人"扑哧"笑出声来，一口牙白得像陶瓷。她眨眨眼，一点儿也不避讳，直视他的眼睛。

接连几日，她兴起时，就约他出来吃饭、研究《红楼梦》、逛博物馆。把原本清汤寡水的日子过得风生水起，连旁人都开始羡慕她。这个女子，好生厉害！

终于，那男人被馨馨拿下，举着钻戒朝她浪漫地求婚。馨馨接过他的钻戒自顾自地套上手指："林黛玉会葬花，我只会伐树。你既然上了贼船，就别想逃走了喔！"

男人点点头："我就喜欢你像王熙凤一样泼辣爽厉。"

其实，男人从不喜欢藏藏掖掖。喜欢那种肤浅矜持女人的男人，只有两种：一是本身肤浅，观念陈旧；二是大男子主义，认为丈夫是天是地是女人的全部。

故而，像馨馨这般既美丽可爱，又幽默大方的女孩子，早胜过小家子气十足的女子百倍万倍。我要是个男人，就得娶像她这样的女人！

不啰唆，不矫揉造作，我爱你就是我爱你，与你无关。你阻止不了我的宣告，女人的魅力，就在于此。

想当初，我也曾沉迷于小女人的兴致当中，那简直不堪回首。

那时候幼稚，说话喜欢说三分、留七分，秉持"犹抱琵琶半遮面"的态度去生活，就连吃菜，也要万分矜持。那时的我只吃眼前菜，鸡翅啃起来太丢面子，于是就算被饿得眼冒金星，也只挑挑拣拣那些惨绿惨绿的蔬菜吃。

暗恋一学长，苦苦思念三载之久，毫无结果。每一个转身、路过都小心翼翼,偶尔搭上几句话,他问我答,再没有下文。

每逢聚会,我必然显得不够合群,额头上隐约写着"扫兴"二字。结果呢,朋友们一个个地离我而去。

好女孩值得好生活,而不是被束缚于他人眼底的"矜持"当中。

矜持,并不是掖掖藏藏,更跟心怀叵测搭不上边儿。所谓矜持,该是手持金戈,身披盔甲,保护自己。

矜持是自尊自信、自爱自强,是自己爱自己。即使不够美丽,也要展现出自己最好的一面。

不爱就不爱,想要就自己去争取,亲所有喜爱之人,疏所有厌恶之人。将自信织成一件华丽丽的衣裳,做一个美好的女子,玲珑有致,举手投足间自然端庄优雅。

身躯行走于风雨里,风敌不过你,雨敌不过你,任谁也不能让你甘拜下风。你那出淤泥而不染的矜持,濯清涟而不妖的矜持,才能使你焕然一新。

路走得久了,鞋子总要磨破。砾石地不温柔,去他的掖掖藏藏。我们要敞开来、正大光明地好好爱自己,爱全世界。

不要让别人的抱怨打破你内心的坚定

希 洛

不要让别人的抱怨操控你、支配你。只要你认准了属于自己的道路,就坚定自己的内心,义无反顾地走下去。也许走到路的尽头,你会发现,别人曾经的抱怨其实只是干扰而已。那时,你会庆幸,你没有让别人的抱怨打破自己内心的坚定。

1

小夏是那种你看一眼便不会忘记的人,就像那次招聘会,我第一次见到她。

她穿一条波西米亚长裙,金黄色的秀发在阳光下散发着光芒。

从面试室出来时,她满脸不屑,经过我身边时,直接撞翻了我手里的咖啡。

她递给我一包湿巾,示意我自己擦衣服,然后抬头问我:

"你也是来应聘中学教师的? 告诉你啊,那个面试官简直糟透了,像咱们这种没背景的人,恐怕……"

没等她抱怨完,就听到考官喊我的名字,我说了声抱歉,逃一般进了考场。

坐到考官面前,我深深舒了口气:幸亏她下一个就是我。否则,等她抱怨完了,我估计连面试室都没勇气进来了。

很意外的,我面试结束出来时,她还坐在走廊的椅子上,正拉着一个姑娘说着什么,她那染着红色指甲油的手分外醒目。那个姑娘一脸茫然。

好在,那个姑娘也很快逃出来,走进了面试室。

我舒了口气:小夏应该不会去学校上班了。她满脸的怨愤,应该是并不喜欢这个职业的。

而当老师是我从小的愿望,小学时我就对这个职业充满了向往。我可不希望自己待在一个牢骚满腹的圈子里,我怕听多了抱怨,我也会变成一个对什么都不满的人;更怕太多的抱怨会打破我对这份事业从小就有的坚定信念。

2

开学大会上,我一眼就看见了小夏的身影。

她还是穿着吊带的波西米亚长裙,泛着金黄色光亮的头发,染着红色指甲油的手。身边是面试时的那个姑娘,两人正低语着什么。

我冲她俩打了个招呼,找了个空位,安静地听校长讲话。第一次以职员的身份坐在会议室,我内心充满了激动,恨不得立刻就能看到自己的学生。

刚散会,小夏一把拉过我,在我耳边神秘兮兮地说:"虫儿,听到刚才校长宣布的班级名单了吗?我早就知道结果了。说的是平均分班,可谁都知道最好的班是七班。你放心,七班才不会给我们这些没经验的新老师。人家早就内定了。咱们几个教的肯定是最差的班,不信你就看着。现在的学校……"

我避开她的脸,淡淡地说:"只要自己用心教,不会有什么好班和差班的区别的。"

她"切"了一声,没有再多说什么就拉着一旁的姑娘走了。

年级会上,主任把课表发到我们手里。小夏拿到课表,眉头紧皱。主任停下正在布置的任务问:"小夏,你的课表有问题吗?"

"有问题。主任,我每周十二节课,怎么三节在下午?这么热的天,下午课你让我怎么上啊!而且,高一年级居然有作业课,这作业课算不算我们的课时?不算课时的话我可不去。算课时的话我等于超额工作,得给加班费的。"

我听着小夏的话,目瞪口呆。

她一点不像初次踏上工作岗位的人,倒好像在这个岗位上干了很多年,受过很多不公正待遇似的。一开口,便满嘴都是牢骚和抱怨。

我低头看看自己的课表,上面有五节下午的课和两节超量的作业课,刚想跟着小夏附和一下,抬头看到主任询问的眼神,忽然想起爸爸说过的话:

"虫儿,任何事在没开始做之前,千万不要先有一肚子怨气。

如果你不是心甘情愿地做事,事情肯定做不好。世界上没有人做什么事都是顺风顺水的,与其花时间去抱怨,不如好好想想自己该怎么做。"

3

学生到校的第一天,我穿了套运动服,头发扎了起来,觉得这样帮学生打扫卫生更方便些。

一进校门,就遇见小夏,她依然是开会时的那身装扮。

两节课上完,我带着初上班的激动和兴奋,想赶快回到办公室,分享我见到学生时的喜悦心情。刚走进楼道就听到小夏特有的尖细嗓音,慷慨激愤地说:

"是谁规定做老师就一定要把自己裹得严严实实的?不让穿吊带裙,不让染黄头发,不让涂指甲油,这跟限制人身自由有什么区别?而且,居然让老师帮学生一起打扫卫生,这是哪门子规定?学生都上高中了,有手有脚的,我们凭什么帮他们一起干活?"

我迟疑了一下,终究没推门进去。于是返回教室把书放到讲桌上,帮学生把散了满地的包装纸收拾起来,放到垃圾箱里。

一个女生看我拿着扫帚扫地,轻声说:"老师,你穿运动服真好看。如果你不说,别人肯定不知道你是老师。你看起来又年轻又有活力,比我们大不了几岁呢。"

我看着她眉眼间的笑意"小丫头嘴还挺甜。我是因为太笨,不会化妆;太懒,穿高跟鞋嫌累。你们不是喜欢打扮得漂漂亮亮的老师吗?"

"漂亮的老师就是你这样的啊。跟我们像朋友一样。刚才别的老师说了,好几个老师都不愿意教我们班,可是你都不嫌弃。"

我有些惭愧,不敢看学生的眼睛,因为我一开始知道接的这个班是差班时,也满肚委屈,也在电话里跟妈妈和妹妹抱怨过学校的不公。

可妈妈说:"既然已经接到这个班了,你就要把学生当成自己的家人看待。小孩子没有智力的区别,他们喜欢哪一个老师,肯定就会努力学好哪一科。你与其跟我抱怨学校给你分了个差班,还不如想想怎么让学生喜欢你,怎么让学生喜欢你的课。你从小喜欢做老师,你没说你只喜欢教优秀的学生啊。既然想做老师,当然会教到成绩不够好的学生,如果这就成了你不想好好教书的原因,那你当初坚持做老师为了什么?"

妈妈的话让我重新审视起了自己想当老师的初衷。忽然发现,其实自己的内心真的不够坚定,对于自以为是梦想的东西,让别人几句抱怨就差一点想要放弃。这样的梦想,还能叫梦想吗?

想起冰心的一句话:世界上没有一朵鲜花不美丽,没有一个孩子不可爱。因为每一个孩子都有一个丰富美好的内心世界,这是孩子的潜能。

我想,只要我坚持自己的梦想,用自己的真心和耐心对待孩子们,他们也一定会将他们美好的一面回报给我。我要让小夏看看:与其怨天尤人,不如保持内心的坚定。

4

上班后的第一个期中考试在我的惴惴不安中到来。

虽然孩子们一直喜欢我,也喜欢我的课,但其他人(尤其是小夏)眼里的"差班"是不是真的能完美逆袭,我连一分的把握都没有。更何况,我每天都在小夏对这个"差班"的孩子的嫌恶和抱怨声中度过,我自己也开始变得有些不自信了。

妹妹给我发短信来,短信没有家长里短,只有一段名言:"孩子需要爱,特别是当孩子不值得爱的时候——赫尔巴特。"

我当然不能让她比下去,也发了一段名言给她:"要像对待荷叶上的露珠一样小心翼翼地呵护学生幼小的心灵,晶莹透亮的露珠是美丽可爱的,但却十分脆弱,一不小心,就会滚落破碎,不复存在。学生的心灵,如同脆弱的露珠,需要老师的加倍呵护——苏霍姆林斯基。"

发完短信,心情好了许多。

我坐在考场上,看着孩子们奋笔疾书,想起小夏的抱怨:这次差班要不倒数第一那才是奇迹。我们这些没有背景的人,这一辈子就只能活在别人的压榨下。

遐想之余我胡乱在多出来的卷子背面涂画着,抬头,看到校长站在教室后门,满眼含笑地看着我,心里一惊,赶快正襟危坐,看着学生。

校长冲我招手,我疑惑地用手指了指自己,校长笃定地点点头。我同另一位监考老师打了招呼后便一步步走到了后门,校长示意我跟他走,到了楼道口,他才掏出一张邀请函递给我:

"市里有个讲课比赛,每年都是骨干教师去,今年我想让你去试试。好好准备哦。"

我看着眼前的邀请函,觉得不像真的,又抬起头看校长,他拍了拍我的肩膀:"虫儿,你是个很有个性也很有能力的老师,虽然刚教课不久,但家长和学生都认可你,我也相信你。"

我紧紧握着这张邀请函,想起小夏的抱怨:"如果你没有背景,你注定一辈子埋没在这个学校里,永无出头之日。"

我忽然很想对她说:"小夏,没有背景没关系,我们有自己的坚持和努力。只要我们把别人用来抱怨的时间用在提高自己的能力上,总有一天,我们会散发出属于自己的光亮。"

5

拿到讲课比赛一等奖的时候,主任打来电话:期中考试"差班"语文成绩年级第二,比重点班仅低 0.5 分;而小夏教的英语成绩,真的是全年级倒数第一。

坐在回程的车上,我想起了舜的故事:

舜出生后不久,亲生母亲离开了人世。孝顺的舜小心翼翼地侍奉着后母,可他还是遭到毒打,后来竟被后母赶出家门,独自流落到历山脚下,一个人开荒种地。乡邻都为他的遭遇鸣不平,甚至替他抱怨命运的不公,但他自己却内心坚定,丝毫不曾抱怨,他与农夫和山林中的鸟兽生活在一起,他细心地观察周围的事物,觉得世间所有都是温馨而和睦的。他感恩生活,制作了一首感人的乐歌,后来唱这支歌的人越来越多,最终乐歌唱遍了全国,他也被推崇为一代天子。

要说委屈,舜实在是太委屈了;要说抱怨,舜可以无休止地抱怨。他可以抱怨自己怎么会出生在这样一个家庭,可以抱怨后母为什么如此狠心,可以抱怨怎么只有自己的生活过得如此清苦……可舜没有受到别人的影响而去抱怨自己的生活,他反而与人、动物还有大自然和谐相处,他不仅制作出一首感人的乐歌,还因他的内心坚定、乐观豁达、坚韧睿智而影响了越来越多的人。

"为什么受伤的总是我?"其实很多人都像歌里唱的,或像小夏那样,总觉得只有自己"受伤""委屈"。他们不停地向周围的人倾诉,不停地抱怨命运的不公,而很多人也会在她们的抱怨中慢慢被浸染,失去了自己当初内心所坚持的梦想。

很多时候,不抱怨是一种美德、一种真情,而不被别人的抱怨左右自己的初心,更是一种超脱、一种境界。只有我们不去抱怨生活,也不被生活中的抱怨声浸染了身心,才能真的做回闪闪发光的自己。

做一个内心简单的人

玛瑙石

简单没有错,错就错在有太多人总喜欢把身边的人看得过于复杂,总喜欢把人心想得那么恶劣,其实生活还是有美好与积极向上的一面的,就如向日葵一般,向阳花开,正当时。

我们无须去考虑太多,做一个内心简单的人,收获的是更多的意想不到。只有勇往直前,才能看到希望与未来。

1

唐宝小姐来自宝岛台湾,能与她结识全托家中长辈之福,那时的我们都很小,小到连记住一个人的能力都没有。

奶奶告诉我,在我的周岁庆典上,我的太爷爷给我与唐宝两人一人一块凤凰玉佩,从此我与唐宝结为金莲。

后来的后来唐宝跟着她的家人回到了台湾,不知何故两家的联系中断了,周岁宴那次,是我们人生的第一次见面。

2

缘分有的时候就是这么神奇,再次与唐宝小姐相遇时,我们已经长大成人,那年我们都 24 岁。

在人生最美好的年华里，一切来得刚刚好，我们在一场文化交流论坛的活动中相遇，她坐在我的右边，而我们的交流仅限于彼此之间的一声问候。

那是我们人生中的第二次相遇，我只记住，坐在右边的那个姑娘长得真好看。

3

当我以为她只是我漫漫人生路的一段闪影时，命运似乎总喜欢跟我玩捉迷藏的游戏，再次与唐宝小姐相遇，是在第二年的春天。

这一次我们相遇在国际画展上。

她打扮得非常时尚且文艺，往我面前一站，一个水灵的姑娘出现在我眼前，她笑着道："朋友，好久不见，我们又见面了。"

我能听出她的普通话并不是很标准，夹杂着重重的台湾腔，我愣在原地，半晌，我依旧没有想起她是谁。最后还是在她的提醒下，我才想起，原来她就是坐在我右边的那个美丽的姑娘。

我佩服她的记忆力，在那么多的人中，居然一眼就认出了我，我笑着回应她，我们边走边看画展边交流，她突然笑着道："看来我们有共同的爱好，说不定我们上辈子是姐妹。"

那次画展后，我们互加了微信，两个姑娘的友谊从微信中开启。

4

我以为我们之间的相遇只不过是她来大陆游玩时的一场巧

遇,后来她却告诉我,她要定居在大陆,她喜欢大陆,那种对大陆的喜欢不是一两句言语就能表明的,或许,因为根在这里,所以对这里情有独钟。

唐宝与我生活在同一座城市,而且,我们工作的地方居然只相隔一条马路。

我们哪怕不见面,每天都会通过微信聊聊当天发生的趣事,我从没有想过我们居然能有那么多的话题可聊。

端午节公司放假,我回到了老家,与家人拍了一张全家福,其中一张是我与奶奶的单独合影,因为发了微信朋友圈,所以合影被唐宝拿给了她的家人看,谁知道一个微信竟然让我们的关系更近了一层。

唐宝的奶奶在我微信里看到了我的全家福照片后,激动万分,一再跟唐宝说自己找到了失联多年的好姐妹,最后双方的奶奶来了一场感天动地的寻亲大会。

那时我才明白,原来人与人之间的感情也是经得起岁月的蹉跎与考验的,我们有多大,她们就有多少年没见面,那一次奶奶把唐宝的奶奶留在内地玩了整整一个月。

在与唐宝的聊天中,我得知唐宝为了帮助自己的另一个同事,不惜拿自己的手稿作品给对方,让对方及时完成了工作任务,对方还受到了上司表扬,可唐宝却挨了批评。

她的同事不仅没有感恩,还在外面放出谣言,说这次的手稿是自己辛苦画出来的,唐宝知道后只是笑笑,不再多说,我听了却愤愤不平。唐宝安慰我道:"人心隔肚皮,别人怎么说那是别人的事情,我只想做一个内心简单的人,至于其他,问心无愧就好。"时间长了,人的情感也会慢慢地靠近,渐渐地我与唐宝成了无话不说的好朋友,她喜欢简单,她说人心简单才是最大的快乐。

被唐宝的性格所感染,渐渐地,我也变得喜欢简单地去看待任何事物。唐宝:这样做人也不会那么累,因为简单,所以快乐。

5

我以为唐宝的幸福与快乐会一直如她所想的那般,简单下去,可突然有一天,微信上收到唐宝的信息:我辞职了。

正在公司吃午饭的我被吓了一大跳,给唐宝打了电话后,她并没有说什么,只是很平静地道:"今晚咱们老地方见。"

老地方的名字叫"简单咖啡厅",咖啡厅名如同唐宝的性格与人生态度:简单。

我如约而至,我以为唐宝会大哭一场或者会非常难受,又或者会把伤她的人痛骂一顿,以解心中不爽,我把各种可能出现的情况都想了一遍,结果,事实证明,我白白地浪费了脑细胞与想象力。

当事人比我这旁观者还要从容,她优雅淡定地推了一杯咖啡至我面前,平静温和地道:"尝尝,新品,名叫简单。"

我看着眼前的咖啡,顺手摸了摸她的额头,认真地看着她,疑惑不解道:"这么好的公司,舍得离开?"

唐宝却笑道:"人不可能在一个地方待一辈子,有的时候看似美好的背后,或许就是波涛汹涌。我向来喜欢简单,也习惯了简单,我喜欢遵循自己的内心,做一个简单的人就好了,人生有太多的东西无法抓住,但只要抓住自己想要的就够了。"

6

当我以为唐宝辞职后会回台湾继承家族企业时,没想到她用自己的所有积蓄开了一家宠物店,平生我最怕狗猫之类的动物。至今我仍然记得在接到唐宝的宠物店开业邀请函时,全身起满了鸡皮疙瘩,那种感觉到现在还记忆犹新,不是嫌弃,而是出于本能的害怕。

最终友情战胜了害怕,我如约地参加了她的宠物店开业庆典。

那天来了很多人,后来我一有时间也会去她的店内坐坐,慢慢地,我居然神奇地发现,自己不再害怕那些小家伙,似乎有点喜欢上它们了。

唐宝笑道:"一般能战胜自己不足之处的人,都是非常有前途的人。"

本以为唐宝的生意会一直那样好下去,可没想到眼红的门店房东不愿意干了,宁愿付违约金给唐宝也不愿意再把店面租给她,唐宝起初不理解,后来她知道了原因后,便爽快地答应了。

我一听到宠物店要关门大吉的消息后,气愤地跳了起来,唐宝却安慰着我。不是因为唐宝软弱，而是因为在唐宝眼中，一生中能遇到一次这样的房东，也算是有幸，她说那一次她懂得了人心是复杂的，可她宁愿继续那样简单下去。

或许越简单越快乐，越快乐越幸福，越幸福就越幸运，上帝似乎很眷顾唐宝，不管唐宝后来把店开在哪里，生意还是那样好。

百思不得其解，我曾私底下悄悄问唐宝，问她是不是有什么秘籍。唐宝却笑着说："这个我就不知道了，我只知道生意要诚信经营，做一个简单的老板，就好。"

又是简单，我甚至质疑过，简单真的会有这么大的作用？在唐宝那里，答案是肯定的。因为唐宝认为，一个内心简单的人，别人都愿意与他做朋友，因为和这样的人在一起不拘泥，不难受，不尴尬，相反会多一份信任，少一份猜忌。

简单没有错，错就错在有太多人总喜欢把身边的人看得过于复杂，总喜欢把人心想得那么恶劣，其实生活还是有美好与积极向上的一面，就如向日葵一般，向阳花开，正当时。

我们无须去考虑太多，做一个内心简单的人，收获的是更多的意想不到。只有勇往直前，才能看到希望与未来。

现在开始学习还来得及

玛瑙石

无论何时、身处何地,都请不要放弃你的学习天赋。当你真正与它成为朋友时,你会发现,它带给你的不仅是另一个世界,还会让你遇见另一个精彩的自己。

1

"活到老,学到老"一语出自古希腊著名政治家梭伦之口,其含义为"我愈老愈能学到很多的东西"。

2

然然与青姗都是我的好朋友,大学毕业后,我们都在东城区上班,只是我的公司与她们两人的公司相距半个小时的车程。

然然是一个非常努力上进的女孩,青姗是一个向往自由而又散漫的女孩。

在青姗表姐的介绍与推荐下,两人同时进入一家公司实习。

当时两人被安排在一个部门,都是从最基层的实习生做起,转眼三个月过去了,然然表现出色,被录取转正。而青姗因为自己的散漫工作作风,被延长了一个月的实习观察期。

当青姗好不容易从实习生转正时，然然已经将部门的所有工作做得得心应手，她的上司很看重这个努力上进的孩子。而青姗自从转正后，就过着得过且过的日子，一直没有得到上司的好脸色。

有一天，刚下班的我接到然然的电话，聊了很久，后来她说她想去考在职研究生，想问问我对在职研究生的看法。

那时我对在职研究生并不感兴趣，相反，我觉得然然有点异想天开，考研得花多大的力气，考研的人不都是全职学习吗？而对于已经工作的我们，我感觉这是一件非常难的事情。

出于对一个人的尊重，我并没有直接打击然然，然然也出于对我的尊重，没有当面否决我的看法，但我却从话语中听出了然然坚定的决心。

3

然然生日那天没有在酒店里面和家人庆祝，而是请了几个玩得好的圈内好友，当然青姗也在内。几个女孩子在然然住的地方举办了一场温馨的生日派对，就在生日当晚，然然向我们宣布了一件激动人心的大喜事。

然然站在客厅中央，几个姐妹都喝了点小酒，然然的脸上红扑扑的，看起来特别可爱，她似醉似清醒地宣布道："告诉大家一个好消息，经过本人艰苦奋斗，终于拿到了在职研究生的结业证啦。"

她的话一停，我却被红酒给呛得咳喘了半天，然然看到我这样的反应，脸上的笑容多了一层深意，然然看出了我的小心思，笑着道："怎么样？是不是现在特后悔、特伤心，当初要是跟我一起去学习，以你的能力，你现在也跟我一样毕业了，所以说，现在开始去学还来得及。"

看着然然脸上洋溢着的欣喜的笑容，我连忙摆手。因为我知道，自己没有她的那份毅力与恒心。我坚持不下来，每天除了上班就是窝在出租屋里面看书，呼……那样的生活，我简直不敢去想象会是什么样子？

我喜欢自由，更向往自由的生活。

有一天，我突然接到了青姗的电话，她边说边哭，把我吓了一大跳，我以为她被谁欺负了，青姗哭了好一会儿，才告诉了我事情的原委。

原来然然与青姗所在部门的部门经理要被调到总部去，公司决定在现有的人员里面选择一位接班人。而然然与青姗已经转正许久，总部就将所有正式员工都纳入了考虑范围。

在去交个人情况表时，青姗说看到表中的学历一栏时心里特别的难受，因为然然填的是"研究生"而青姗填的却是"本科"，青姗觉得自己肯定没机会了，就哭了起来。

青姗在哭泣，而我似乎看到了一场"本科"与"研究生"大战。

我正准备安慰青姗时，谁知道青姗却说："我要去努力，现在开始去学习还来得及,我要证明给公司看,我也可以。"

青姗突然转变风格,还没来得及让我适应,她就挂断了电话。

电话虽断,我的心情却久久不能平复,我在想青姗说的话。

答案很明显,一个月后,然然晋升为部门经理,正式接手之前上司的工作,管理部门的全局工作。

庆功宴的时候,就我和然然两人在西餐厅吃西餐。这一次,吃货青姗居然缺席,当时我还以为青姗是因为落选而直接辞职不干离开这里了。

可后来听到的结果让我大跌眼镜,然然笑着告诉我,那家伙报了个在职研究生的考前学习班,估计这会儿又泡在书海里面去了。

我着急地询问着青姗的情况,我担心她受了什么刺激,然然扑哧一笑后,告诉我:心病还得心药医,她的心病在学历,在上次递交的那张个人情况表上。

那一次相聚后,我们虽在一个城市,却因为各自都很忙碌,于是见面的机会越来越少。

就在我上班去公司的路上,突然接到青姗的电话:"妞,我拿到在职研究生的毕业证啦。"

当时我被吓得全身哆嗦了一下,此时公交车司机刚好配合地来了个急刹车,我被撞得满眼冒金星,许久才反应过来,青姗在电话的那一头咆哮道:"当初要不是被然然逼急了,我怎么会像摔坏了脑袋一般,疯狂地学习,今晚我请客,老地方不见不散。"

这一次青姗的庆功宴上就我们三人,三人都喝了点小酒,青姗这姑娘喝得最多,聊着聊着就醉话连篇道:"然然,当初要不是被你这一逼,我哪会奔去考什么在职研究生,你知道这三年我有多苦吗? 你还给我安排那么多的工作,我恨你恨得牙痒痒。不过我还是要谢谢你,谢谢你点醒了我,我能有今天,你是功臣。来,干了这杯。"

那晚我们仨喝得酩酊大醉,任性地大哭,青姗哭得最严重,我知道她是喜极而泣,是为了奋斗的青春而哭泣,因为她懂得了未来是抓在自己的手里的, 她更明白了只有努力付出才会有回报。

或许,人生就是如此,任何时候去学习都不晚,从现在开始去学习也来得及。学习的机会就在身边,只是我们没有勇气伸出双手去紧紧地抓住,没有勇气鼓励自己去努力前行;没有一个可以说服自己的理由,没有一个真正强大的内心。

无论何时、身处何地,都请不要放弃你的学习天赋。当你真正与它成为朋友时,你会发现,它带给你的不仅是另一个世界,还会让你遇见另一个精彩的自己。

请永远记住:从现在开始去学习还来得及, 只要你不放弃它,它必不会放弃你,因为它是你人生中最忠实的伴侣,时刻都在等待着你的到来。

看得见远方,耐得住寂寞

江丰桃云

　　细细想来,爱情也好、生活也罢,都是在缘分的牵引下,上演着一幕又一幕的剧情。如果缘分来了你抓不住,或是本来属于你的缘分,你因看不见远方、耐不住寂寞而丢失了它。那么,再好的风景,你也将与之错过。

　　人世间,最让人琢磨不透的便是缘分。

　　说它平常吧,也不见得。往往两个没有交集的人,偏偏就因缘分而相遇了。

　　说它奇怪吧,也不一定。往往两个相恋的人,明明要面临分手了,而缘分却又让他们重新走在了一起。

1

　　箫远是一个独来独往,不爱交朋友的人。大学四年间,和他讲过话的同学不超过三人。

　　但他始终不能忘记初遇蒋瑶时的场景。

　　那天学院举行毕业晚会,晚会到了中场,主持人说要玩一个游戏。主持人在场下抽 10 名观众上台,每个人分别代表人民币"五元"或者"十元"。当主持人念完相应的价格后,台上的人必须立即抱团凑成那个价格。否则就算输,必须表演节目。

萧远觉得好玩,率先举手报了名。蒋瑶也紧随其后。

让人难以理解的是,每次蒋瑶总会被挤到萧远他们一组,害得他们每次都输。

于是,主持人要求他们一组表演节目。

蒋瑶尴尬地笑了笑,说是她连累了大家,就由她来表演节目。

随后,大家就听到悦耳的歌声响起,观众的惊叫声也此起彼伏地响起来。

事后,他问她怎么会老是出错。

蒋瑶调皮地说她注意他很久了,只是一直没有机会在他面前表现,那天晚会看到他上台后,觉得机会来了,自然就上去了。想到自己的特长就是唱歌,所以她每次都故意盯着他跑,好输了游戏来表演唱歌,以便让他能听到自己的歌声。

萧远听完后,高兴地说:"看不出你还挺有心机的嘛,不过也说明本少爷还是挺吸引人的!"

他认真看了看眼前的她,一双眼睛炯炯有神,笑起来时浅浅的酒窝让人感觉很舒服。交往一段时间后,更是觉得她善解人意,落落大方。

2

毕业后,新闻学专业的萧远进了一家电视台,成了一名记者,每天忙着去采访、写报道。而幼儿师范专业的蒋瑶到了一所幼儿园工作,她每天照顾那些学龄前儿童,感觉开心又充实。

刚开始,他们的日子过得甜蜜又温暖。然而,随着交往的加深,两人的矛盾也渐渐突显。

萧远每天回到家,上网写好稿子后,便睡下了。蒋瑶却总要把他拉起来,陪她看《太阳的后裔》《来自星星的你》之类的韩剧。

萧远忍了多次后,终于在一个下着雨的夜晚和她大吵起来。

"你整天追无聊的韩剧也就罢了,怎么还老是把我拉入你的队伍中呢,你不觉得很幼稚吗?"

蒋瑶从没见他那么生气过,觉得很委屈。收起行李,不顾窗外的漂泊大雨便冲了出去。

第二天,萧远收到她发来的短信:你每天回家就睡,我想找你说说话都没有机会,所以才拉你陪我一起看韩剧的。我也知道你每天那么忙碌是为了我们以后能有个好的生活。我也相信,我们一起努力会有美好的未来,以后我再也不任性了。我错了,你原谅我,好吗?

他一边看着手机,一边流着泪。他明白了是自己误会了女友,也明白了,在两个人相处的过程中,有时候双方会因为缺乏交流而找不到当初的甜蜜感。女方会感到空虚或者寂寞,会撒娇、会任性、会哭闹,这时,男方就得去包容,去理解。

因为只有这样做,女方才能有安全感,才能耐得住寂寞,才能和你共建一场美好的爱情。

幡然醒悟后,他打遍了女友闺密的电话,终于把女友接回了家。重归于好后,他们再也没有拌过一次嘴。

3

席慕蓉说:生命是一首悲欢交集的歌,我们都是那个唱歌的人。

这样想来,三毛就是那个最会唱歌的人。她洒脱浪漫,潇洒随性。用一本《撒哈拉的故事》,让很多人爱上了她。

她和荷西在撒哈拉生活的日子里,可以说条件非常艰苦。不仅住房简陋,连像样的家具都没有,还不时有黄沙飞过。但是,她却过得很开心,每天快乐地等待着自己的另一半归来,友好地和邻居相处,偶尔还写书出版。没有抱怨,没有忧愁。

她不正是因为看得见心中的远方,耐得住眼前的寂寞吗?

4

不由得想起我的一个朋友,名叫余筱。

她一直暗恋着高中同班同学梁凡。

她现在都快奔三了,还没找对象。我问她为什么,她说要一直等她的初恋,她相信那个他有一天终会到来。

我笑她:"是不是要骑着白马来呀?"她没有回答,只是狠狠地白了我一眼。

没想到,有一天那个梁凡真的回来了,不过没有骑着白马,而是骑着自行车。

那天,我和余筱正在街边闲逛。一个帅气的身影突然停在我们身边,不错,他就是梁凡。他有些激动地说:"嗨,我念完研究生回来了,你们也在这里啊!"

余筱健步如飞地冲过去,和他闲聊起来。

后来,我们一起去饭馆吃了饭。

喝了些酒后,梁凡突然对余筱说:"我其实从初中开始就喜欢你了,只是你的成绩一直在班上领先,我有些自卑,没和你说。后来我觉得,为了你,我应该成为最好的人,所以我考了研究生,今天终于可以在你面前把这些话说出来了。"

余筱听他说完后,立马就呆住了。自己苦苦爱了许久的人原来一直都在喜欢着自己。而且八年多了还没有变心,自己真是太幸福了。

没有悬念地,他俩在一起了。

5

梁凡凭着研究生学历,顺利进了一家旅游公司,负责旅游路线的策划。余筱则一直在一家出版社做编辑。两人在一起后,一同为生活努力。不到一年,他们就在市里贷款买了套小房子。梁凡工作出色,不断被加薪,一年后年薪已过 20 万。三年后,他辞职自己开了一家旅游公司,事业蒸蒸日上。

日子直奔小康水平后,他们开始计划结婚。

而此时灾难却不幸降临。

余筱去韩国旅游回来的途中出了一场车祸,一直昏迷不醒。

医生说即使她醒过来了,也很可能无法行走了。

梁凡放下手里的工作,住进医院全天照顾她。所有的亲人和朋友都劝他放弃,重新找一个女孩子过下半生。但是他却坚持要和余筱走下去,即便她永远醒不过来也不后悔。

从此,他坚持每天在女友身旁念自己写给她的情诗。

皇天不负苦心人。在昏迷了六个月后的某一天,女友的手动了。余筱醒后开口就说:"我在哪儿,我怎么感觉好像睡了好长的时间。"

他激动地滑下泪水,"筱,你终于醒了。我就知道你会醒的。"

他于是把她昏迷后的所有事情一一讲给她听。完了之后,她问他为什么会一直坚持等她。

他说:"八年的时间都等到了,还怕不能再坚持等下去吗?爱一个人是一辈子的承诺,未来的日子要有你,我才能看得见远方的路;人生的路上要有你,我才能守得住繁华,耐得住寂寞……"

还没有等他说完,女友早已紧紧地拥抱住他,泪如雨下。

6

细细想来,爱情也好、生活也罢,都是在缘分的牵引下,上演着一幕又一幕的剧情。

如果缘分来了你抓不住,或是本来属于你的缘分,你因看不见远方、耐不住寂寞而丢失了它。那么,再好的风景,你也将与之错过。

本该属于你的爱情你没有好好呵护，失去后才感叹爱情的脆弱，能有什么用？

本该属于你的时光你没有好好珍惜，失去后才感叹时光的易逝，能有什么用？

本该属于你的奋斗，你没有好好坚持，失去后才感叹坚持的重要，能有什么用？

人生，谁不是要经过一番苦寒、一番风雨，才能换来美好？

滚滚红尘中，你要去相信，只有看得见远方的人，才会勇往直前，也才会耐得住寂寞，守得了繁华。

同时，也只有看得见远方、耐得住寂寞的人，才知道不管现在的处境如何，那都只是上帝对自己的考验，山穷水尽后，柳暗花明自会到来。

还在迷惘的你，清醒吧。岁月给你波折、给你磨难，是要你不畏将来，不念过去。要你珍惜当下，看得见远方，耐得住寂寞；要你在自己的生命旅程里，画出一幅属于你自己的图画；要你趁着正当年，想做什么就勇敢去做吧！

每一天,都对自己说一声加油

玉凡瑶

你们都认为我固执,其实我没有。我只是想趁着年轻搏一把,过上我想要的生活。

来到这世间,我们最大的困惑就是找不到一个可以参照的人生模板,用于行走。而一切要靠自己的抉择和行动,涂写人生的风采。

人生,茫然而又漂泊,而精彩就在于它的独一无二,但这也是孤独的另一种说法。因为对每一个人来说,没有一本书能够帮你参透人生的真正含义;也没有一套软件能处理好你的人生信息。而我们不停地依照他人的生活来复制、粘贴,只是为了过上自己想要的生活。

年少时,我曾无数次困惑,萧蔷这一路走来,到底是以怎样的姿态,支撑着那瘦弱的身体。是孤独? 还是内心的那份执念?

此刻站在阳光下,一束束柔暖的光洒在身上,我顿时茅塞顿开,原来,这就是幸福的味道。

1

萧蔷一直是母亲眼中那种特别上进的孩子。她总喜欢说别人家的孩子咋样咋样,大都说的就是像萧蔷这样的孩子。

从小到大,萧蔷偶尔出去画画,剩下的时间就是在学习。她爱好学习,而且成绩一直名列前茅。每次去她家,都会被那整整一面的"光荣榜"震撼到。这是她光荣的学习史,也是我的血泪史。每次考完试,母亲都会唠叨几句。我头疼、心烦,但我又不得不佩服萧蔷的优秀。

　　每到逢年过节,萧蔷都会被大人拉出来,当成楷模,对我进行严厉的言语教育和思想教育。可以这么说,我所有童年的阴影,很大一部分都与萧蔷有关。她是我们家隔壁邻居,尽管我常对她"恨之入骨",但因为自己在家是独子,所以又不能少了她这样的玩伴,所以我对她既爱又恨。

　　我喜欢在外面四处溜达,萧蔷却不大愿意出门,一心扑在学习上,但我们依然是最好的朋友。

　　高考那年,萧蔷发挥失常,成绩竟只过二本线。这对于一直将清华作为奋斗目标的萧蔷来说,有些无法接受。

　　可上帝好似总喜欢捉弄那些努力生活的人,在离成功只有一步之遥的地方,让他们重重跌倒。第二年复读后,萧蔷的成绩依然不尽如人意。

　　那时,她在家里待了整整一个星期,我也整整趴在她家窗户边上等了她一个星期。

2

　　我坚信,每一份成功的背后,一定是浸满了汗水与泪水的。

而春天之所以如此温暖, 就是因为它历经了整个白雪皑皑的隆冬。我懂得努力,但不懂萧蔷。

开学前,或者说之前的所有日子,我不知道萧蔷是怎么熬过来的。报名那一天,她一整天都没有出门,第二天我便知道了她不再复读的决定。

"为什么要放弃? "在我眼里,她是那么优秀,她一定可以做到更好。

"人只有一生,没必要把青春耗在这里。"

剔除家境的因素,其实我知道,她是不想让父母担心。但是路这么长,萧蔷到底要怎么走?

尽管也经常听见她在学校获得各类奖学金的消息,但因前两次高考的失利, 母亲终究不再将她当成教育我好好学习的榜样,而我也落得逍遥,离开家去了另一座城市的技校。

当我游走于城市的大街小巷的时候,萧蔷正忙于考研,她将目标定向了本专业的顶级学校,上海财经大学。我忙于享乐,根本看不清萧蔷那双眼睛里的渴求。

得益于成绩优秀, 大学毕业后有很多公司都向她伸出橄榄枝。父辈认为,一份稳定的工作可以让萧蔷漂泊这么多年的心得以安定。因此大家纷纷劝说萧蔷,希望她能在其中选择一份工作,可无论家人怎么劝说,一向乖巧听话的萧蔷却选择了拒绝。

因为这个事情,大伯父,萧蔷的父亲大发雷霆,可战争还没开始,我就见她一个人提着箱子走了。记忆里,我在她身后叫了数声,她只向我挥了挥手,留下一个坚定的微笑和倔强的背影。

次年三月,我和同学去丽江旅游,途经上海,便想去看看她。在地铁旁边一家火锅店里,我们相互拥抱。我询问她近况,她淡笑,直说:"吃饭,不谈国事。"

趁着年轻,或许我们需要多受一些苦,才会真正明白活着的意义。而我们也必须暗自努力,才能在人前显得尊贵高雅。

尊贵!太过高端的修饰!

透过清澈的杯底,我看见了萧蔷那疲惫的眼神,还有那瘦弱的身体。我竟有些不安,安慰之语无论如何也说不出口,也许我应该上前,献上拥抱,述说思念。

在地铁站,我欲言又止,而萧蔷笑容灿烂,步伐稳健。

"你一定好奇我的决定,而我本可以过得更舒服一些。"

"我只是觉得如果能早点参加工作,拥有稳定的生活,未尝不是一件好事。"我言语委婉,又难掩惋惜。

"你说得对,而我也没错,因为我想要更好。"

"万一又没有考上,你准备怎么办?"那个"又"字一说出口我就后悔了。好似这句话里藏着一个故事,又好似它如一把尖锐的刀,早已划在了她的心里。

……

"你们都认为我固执,其实我没有。我只是想趁着年轻搏一把,过上我想要的生活。"

穿过人群,看那黑白相间的羽绒服里的瘦弱身影,孤单地走在回去的路上,最后一点一点地消失在我的视线里。那一瞬间,我的双眸中有股酸楚感在弥漫,我知道那是感动。

3

或许,她对这座城市并没有多少情感,梦想成了她在此停留的唯一理由。

或许,她是真的很好,就像我爱旅游一样,再累也觉得开心。此刻我的伤感,只是因为无法体会到她那种为了心中的梦想,苦苦坚守的乐趣而已。

也或许,此刻对于她而言,成功指日可待,现在需要的只是时间,只是每天早晨的那一句加油。

要相信,生命总是在你绝望的时候给你希望,让人在不完美的生活中,看到一种希望。也要相信上帝在为你关上一扇门的时候,也会为你打开一扇窗。但是,只有在你温暖地对待这个世界时,它才会温柔地回馈你。

这不就是人生的等价公式吗?

当对方登上人生巅峰的时候,我们都习惯将目光停留在他散发出的万丈光芒上,却不曾尝试着走进他们的内心,其实,那里才真正隐藏着人生成功的奥秘。

我无法去想象萧蔷那无数个孤独的夜晚是如何度过的,但我不得不承认,在那无数个孤独的夜晚,萧蔷终于找到了她人生中最亮的那一颗星星。

幸运之神终于降临,第二年她收到了上海财大的录取通知书。

"祝贺你,恭喜你再次成为'别人家'的孩子。"

"坚信远方的风景更美!"萧蔷笑得一脸灿烂。

那一刻,我突然想起那年在地铁站,她眼中写满疲惫,紧裹着黑白相间的羽绒服,在寒风中与我挥手告别的情景。原来幸福一直在路上,相遇只是早晚的事情。

谁的成功不都是斩棘前行和努力的结果,而青春也绝不容许妥协与放弃,所以记得为自己加油,坚持梦想,如此终将成就灿烂的你。

4

如果不是那个记忆犹新的场景,我差点就忘记了,她也曾将自己置身于一个陌生的城市里漂泊;也忘记了她是怎样一个人独自忍受着孤独,又是怎样一个人对抗着整个世界。

我们都害怕孤独,可它却是人生中不可分割的一部分。它能让我们在黑暗中成长,也能让我们在黑暗中迷茫。只有面对它,才能真切地看清生活的真实面孔。一句加油,赶走围绕在身边的孤独,回过头看看,原来幸福这么近!

恍然间,我忽地懂得,那日在车站我莫名感动的原因,或许我也应该是别人家的孩子,或许世人也皆是如此。

被嘲笑怕什么，可笑的不是嘲笑你的人吗

琉璃月

　　当你认定了目标，在别人的嘲笑声中勇往直前；在你终于取得胜利，站上巅峰的那一刻。那些曾经嘲笑你的人才会明白，其实，他们自己才是那真正可笑之人！

　　这个世界上有很多种人，有的人在嘲笑中进步，有的人在讥讽中畏缩。还有些人，自己没有本事，却整日里以打击别人为乐，以此来满足自己内心的软弱与虚荣。

　　我想，很多的人都经历过别人的嘲笑。那么，那些不中听甚至恶意的言语对于你来说，究竟是成功的垫脚石还是失败的助力器？

　　当你认定了目标，在别人的嘲笑中勇往直前；在你终于取得胜利，站上巅峰的那一刻。那些曾经嘲笑你的人才会明白，其实，他们自己才是那真正可笑之人！

　　玉真是我闺密，我们从小就一起上学，直到大学毕业。她是个很开朗的女孩子，任何的困难与嘲笑对于她来说，似乎从来就不会影响她。无论处境多么艰难，她都是一副喜笑颜开的样子。

　　她出生于农村，父母没有什么文化。也许是胎里不足，出生

时她的脸上就有一块黑红丑陋的胎记，几乎占了她半张脸。

那时候同学们都跟在她身后，一边拍巴掌，一边大声念着嘲笑她的顺口溜：丑八怪，真奇怪，半边疙瘩似红菜！妖怪！妖怪！

更有甚者还会捡起路边的小石头扔她，或把她推到水田里，她常常身上青一块紫一块的。小孩子就像是群居动物，哪里人多自然就到哪里玩儿，并且孩子之间很容易便能熟络起来。但是，几乎没有人肯跟她做朋友。

我们认识，也是在三年级的时候。那是在学校组织的作文比赛上，并列第一名的我们同时上台领奖。我看到她有胎记的脸上的笑容是那样的灿烂。在鲜红的国旗下，在同学们羡慕的目光中，她的脸上是满满的自信。

那一刻，她深深地吸引了我，我们成了朋友。也是从那以后，再没有人敢公开向她扔石子，骂她是丑八怪的声音也越来越小。即便有几个孩子在暗地里说几句，她听到了也似乎完全不当一回事儿。她一直努力地学习，自信地微笑。

她说，只有那些学习成绩不好的同学，才会这么无聊。我想了想，然后点头。

后来，我们考入了同一所高中。我们也许是都长大了，我们也渐渐知道，闲来无事就拿别人的长相开玩笑似乎不太好，所以，说闲话的人倒是远没有上初中和小学的时候多了。只是，爱美之心人皆有之，就算是我的朋友，她们也不怎么跟她亲近。

她总是笑笑:"没关系啊,我有你就够了。"

我们一起自习,吃饭,回家。除了学业忙碌些外,日子过得倒也还清静。直到高三那年,那个转学生的到来使我们的生活发生了转变。

不知从哪里来的谣言,说玉真喜欢那个新来的校草。这事情便一传十,十传百地传开了。

"还要不要脸啊!"

"就是,就是! 也不拿镜子照照,丑成这样子,竟然还敢喜欢云凌!"

"嘿嘿,你们说,要是云凌晚上遇见她会怎么样?"

"怎么样? 自然是大叫:鬼啊……"

"哈哈哈哈……"

这样的嘲笑声我们几乎是走到哪儿听到哪儿,我很是气愤。

她却满脸沉思:"原本还没太注意到他,不过,现在看来他还挺不错的。可以考虑考虑!"

听她这么说,我一口气梗在心里。但她毕竟是我的朋友,我也不好太打击她,心里却在想:这人是自信过了头呢,还是丢了自知之明呢?

没过多久,她却告诉我她要转到理科班去。起初我以为她只是在开玩笑,可没想到,她真的转了理科,还到了云凌的班级。

她这一举动活像一道惊雷,生生劈在所有人的头上。刚刚平息了些的嘲笑声顿时又大了起来,讥讽声、嘲笑声铺天盖地地袭来。

"丑人多作怪!"这是我听得最多的一句话。

我气得跺脚,赶去问她:"你不会真的喜欢上那小子了吧？"

"我觉得找他做男朋友也挺好的啊。"她嬉笑道。

她从枕头底下拿出一本书,说:她想学金融,想和书中的人一样,通过自己的努力取得成功。

我说:"原来这样，但你的做法也太……没听到别人是怎么嘲笑你的吗？"

她却问我:还记不记得小学的教导主任,那个温和婉约的女老师?

她说王老师对她说过:不要害怕被嘲笑。你想要的,就要通过努力去争取。要让那些嘲笑你的人明白,其实,没有目标和梦想的人才是最可笑的。

她说,曾经她还不太明白,现在却是真正体会到了这席话的含义。

后来,我们考上了同一所大学,我在电子专业,她和云凌在金融专业。

我还记得,大四那年的一个春日上午。她怀里抱着一盒自己做的蛋糕,满眼桃心地拉着我,说是要我去给她壮胆。

我们在情侣坡上等着云凌的到来，我第一次在她脸上看到紧张的神情。我安抚她："没事，一咬牙，一跺脚就过去了！"她有些哀怨地瞪我。

说实话，虽然她是我的朋友，我也知道她善良开朗，可是我真的不怎么看好他们。毕竟，哪有男子不在意容貌的，更何况被告白的是颜值与智慧兼备的男神。

许多同学不远不近地躲着看好戏，还有人暗地里嘲笑："不知是哪个倒霉的，竟被她看上！"

云凌接到电话后不久，便一路小跑过来，身影由远及近，直到他在我们面前停下。那些等着看戏的人都像见了鬼似的，面容惊恐。

然后嘲笑声更是没能被压制住地爆了出来，甚至还有人给密友打电话："我在情侣坡，你快来啊！恐龙女跟金融专业的系草表白了，百年难得一见的大场面，不来你会后悔的！"

谁都没有料到，云凌竟然在这时含笑地接过玉真手中的蛋糕，腼腆地笑了："我……很喜欢。"

所有人都惊呆了，然后议论声一波接一波地涌来：

"这是同意了吗？"

"哇！太恐怖了，她要往我身边一坐，我分分钟吃不下饭！"

"没想到金融专业的帅哥竟然会喜欢她……啧啧……"

可是，不论别人怎么嘲笑，他们真的在一起了。还时常牵着手在校园里四处晃荡，完全不理会大家的嘲笑声。

今年三月，高中同学聚会。

"那不是玉真吗？开的好像是宝马耶！"

"真的是玉真……旁边那男的是谁啊？长得真不错！"

"看着眼熟啊,那是……"

"天,那不是云凌吗？"

"真的是云凌耶！他们真在一起了？"

随着他们的到来,老同学们的议论声与惊呼声一阵高过一阵。

玉真却依旧微微地笑着,不骄不躁,气息温和。她现在已经是一位金融公司的高层管理员；她身边俊朗贵气的男子是宠爱她的丈夫；她肚子里还怀着他们的双胞胎宝宝。而那辆众人眼里闪光的宝马,是他们夫妇多辆座驾中最不起眼的一辆。

当众人终于回过神时,曾经的嘲笑在此刻通通变成了自嘲。

想想当初,在他们嘲笑玉真时,玉真正努力朝着梦想不断前进。玉真现在事业爱情双丰收,而他们却是碌碌无为！

他们这才恍然:曾几何时,他们与玉真之间的差距便已注定！

多年前我在一本老旧掉皮的书中看到过这样一句话：换一种心态去面对,也许将是另一种风景,另一种境界！

这个世界有些大, 大到每个人的身边总有那么些无知的小人在捣乱。其实,我们大可不必将他们放在心上。或者说,换一种心情,将那些嘲笑的言论都当作是催促自己前进的精神食粮！

我们还这样年轻,不应该畏缩地活在别人的议论声中。既然认定了目标,就要坚定信念勇往直前！

你要记得:勇敢的人不可笑！那些没有梦想的人才最可笑！

经得住诋毁,扛得住风雨

玛瑙石

当别人想要伤害、诋毁你时,不用害怕、不用彷徨,抬起你那倔强不认输的头,坚毅果敢地继续前行,继续追梦,因为还年轻,因为还有梦。因为还有不可预知的未来需要我们去探索。只有经得住诋毁,扛得住风雨,你才能战胜苦难,保护你想要保护的人,给他们想要的幸福。

1

娱乐圈是一个最不缺花边新闻的地方,各种五花八门的炒作,稀奇古怪的新闻,吸睛率一波高过一波。

近几年来,不管是娱乐圈还是大众圈,有一个吸睛率爆表的名词,那就是"豪门"。

已记不清楚是看的哪档综艺节目,现场主持人采访一个女明星。记者是这么问的:看着身边这么多的朋友挤破头地想嫁入豪门,有的明星甚至通过嫁入豪门来提高自己的知名度,还单身的你是怎么看待豪门的?

而这位才情与美貌并存,魄力与智慧并行的女明星并没有急着回答,而是微微一笑后,说道:我就是豪门。

此话一出，我立即对她多了几分喜爱，而她因为一句"我就是豪门"也成了千万女生敬佩的明星。但在赞誉的背后，有些自视清高的人站在一旁看好戏似的，等着她落败。可人家不仅把事业经营得有声有色，还收获了一段美好的爱情。

有的时候我们在无知地嘲笑他人时，可否拿一面镜子先照照自己，看看镜中的自己有没有嘲笑他人的资格。如果有，那好，你可以尽情地去做；如果没有，那就收起让人讨厌的嘴脸，端正你的态度与心态，继续埋头苦干。

有朝一日，等你成名了，你也许会是下一个被人诋毁的人，但不要苦恼，不要害怕，也不要担心，更不要退缩，因为你已经具备了抵得住诱惑，经得住诋毁，扛得住风雨的超强大心理，还会怕这些？

2

笑笑是我的发小儿，现如今已是位小有名气的女歌唱家，人长得美丽，身材高挑，有着江南水乡女子的柔情，一双炯炯有神的大眼睛加上甜美醉人的笑容，让人舍不得移开目光。

她注定是万众瞩目的新星，而我却是默默无闻的小文员。

从小到大，我们两家门相对，每到饭点，我们默契十足，你家一餐，我家一餐，就这样，两个姑娘也长大了，后来我做了文秘，她学了音乐。

人常说选择比努力更重要，但我想说，正确的选择加上一万分的努力，才是通向成功的秘籍。

最后的结果就是，她努力地成为名人，我努力地成为凡人。

名人与凡人之间的距离便是近在眼前、远在天边，要想再见笑笑一面，难于登天，就连她的父母要想见女儿，还得让我帮忙问她的助理看档期。

时间长了，这街坊邻居们总喜欢私下议论一番，有的人暗讽笑笑父母生了个歌星却不在身边，等于白生；有的人却羡慕他们能生个歌星，是本事。可时间流转，这样的话也就传到了笑笑父母的耳中，他们除了无奈与视而不见，便只能一笑而过。

每逢佳节倍思亲，又是一年中秋时，又是一个笑笑缺席的中秋家宴，而我却像闺女似的，不管过什么节，都要去她家陪她的父母聊聊天。每次听到我父母叫我，笑笑的父母总羡慕不已地道："还是你们幸福，有女儿在身边。"

我父母总喜欢笑着道："哪里，你们比我们更幸福，有个会挣钱的明星女儿，你看我们家女儿，每天只知道朝九晚五上个班，这么大了还不找个人嫁了。"

每次听到父母这样说，我的心里从未有过难受与反感，相反有着一股莫名的轻松感，因为我知道，哪有父母不希望儿女陪伴在身边的呢？

3

笑笑真的很忙，忙到过年都没有时间回家陪双亲，于是我终于拨通了她的私人电话:"铁娘子,你什么时候可以给你自己放个假,与父母团聚一下?你知道左邻右舍都在怎么说你,怎么说你父母吗?"

她一边跟我抱歉,一边愧疚地道:"对不起,等把手头的通告忙完,我就带父母去国外治眼睛。我父母那边就拜托你多多帮我照顾一下,等我回来请客。"

我还未来得及回答,就听到电话那头传来的催促声,叹了一口气,我挂断了电话。

我把笑笑的话转达给了她的父母,她的父母却笑着道:"这孩子,有这份心就好了,我们已经老了,这眼睛治与不治,都没什么区别。她那么忙,还要顾着我们,真是苦了这孩子。也不知她一人在外面打拼有没有受苦受累,有没有照顾好自己,有没有按时吃饭?下次你要是给她打电话,一定要告诉她,让她照顾好自己,如果在外面累了,爸妈永远在家等着她回来。"

听完这些,我的双眼已经湿润,我把原话用短信发给了笑笑。

这家伙第三天就出现在她父母面前,看着更加漂亮的她,我简直不敢相信自己的眼睛,我使劲地掐了自己一下,有痛感,终于相信了,眼前的大美女就是我的发小儿笑笑,她真的回来了。

很多时候,当我们认为我们是在做最正确的事情时,在外人眼中却被贴上"任性"的标签。笑笑回家,助理未跟随,但她却未曾想到,这一次回家给她带来了一定的影响,一条抨击笑笑的娱乐新闻扑面而来。

笑笑的身世被曝光,父母也跟着曝光,而且头条的标题为:某某歌星家境贫寒,父母均为残疾人。

是的,笑笑的父母是一对残疾人,他们双目失明,可这跟笑笑的明星身份有何关系?谁规定盲人家庭就出不了名人,出不了伟人?我用手紧紧地撕碎那报纸,狠狠地把那些狗仔队骂了个痛快,以此来解我的怒气,并决定从此再也不买这家的报纸。

我为笑笑鸣不公、愤不平,可笑笑却笑着对我说:"经得住诋毁,扛得住风雨,才能成长,从而走向人生巅峰。那些成功的人哪个没被诋毁伤害过?这些于我而言都将会是人生最好的经历与宝贵的财富。"

一周后,笑笑与公司达成协议,召开了新闻发布会,我看到电视上优雅端庄的笑笑,脸上始终挂着甜美醉人的笑容,快结束的时候,有位记者问道:"请问笑笑,经过此事以后,你有什么话想对你的父母说吗?"

笑笑笑着说道:"谢谢你给我提供的这个机会,其实我一直想对我的父母说:爸妈,我很庆幸能做你们的女儿,如果没有你们,就没有今天的我,虽然你们是残疾人,但你们却用弱小的力量与伟大的行动抚育了我,我知道我是你们的希望,所以我会更加努力地前行。未来我不知道会怎样,但我想以后的每一天都陪在你们身边,我的眼睛就是你们的眼睛。谢谢你们让我来到这个美好的世界。"

　　在电视机前的笑笑的父母已经泣不成声，只说了几个字：
"真是委屈了这孩子。"

　　当别人想要伤害、诋毁你时,不用害怕、不用彷徨,抬起你那
倔强不认输的头,坚毅果敢地继续前行,继续追梦。因为还年轻,
因为还有梦,因为还有不可预知的未来需要我们去探索。只有经
得住诋毁,扛得住风雨,你才能战胜苦难,保护你想要保护的人,
给他们想要的幸福。

只要选对方向,谁都可以成功

谭 儒

每个人都有自己的发展方向,在适合的地方干适合的事情才会有成就感,否则,那就是选择错了方向。方向错了,就很难有所收获。所以每一个渴望成功的人都切莫着急,静下心来选好方向,你要知道成功的前提就是选对方向。

1

夕阳照在塔公草原的山洼里,大地被抹上了晚霞的色彩。方方开着一辆鲜红的保时捷跑车,缓缓行驶着。

七年时间,方方不知道这里有没有发生变化。她拿出镜子,里面是一张精致的脸,现在的她和这里格格不入……

良久,方方才将车子停下来,细细的高跟鞋踩在熟悉的土地上,感觉却是千差万别。她四下张望,远处,两个人正躬身割麦,那身影是那样的熟悉。方方想靠近他们,可是脚步却迈不开;她想开口叫他们,可是嘴还没有张开,眼泪就流了出来。

最后,还是妹妹先发现了方方,她盯着方方看了许久才认出那是离开了七年的姐姐,两个人抱作一团哭了起来。

2

　　1998 年 8 月的一个清晨,风把塔公草原酿成了甘醇,醉了一路风景。

　　16 岁的方方出落得亭亭玉立,眼睛像星星一样闪亮,樱桃小口杨柳腰,白皙的皮肤吹弹可破。方方伫立在塔公草原边缘的小路上,想多和小路旁的白杨树聊聊,突然她听到前面爸爸喊自己,小跑几步,加入到割草的家庭队伍中。

　　方方的家人都是全副武装,每人都背着黄绿色的行军包,行军包里装着干粮和几根黄瓜,他们手里提着镰刀、麻绳,一看就知道是去打"歼灭战"的。

　　8 月,山洼里的草长到半人高,是时候开始收草了。塔公草原地处中哈边境,挣钱的行当很少。方方的爸爸妈妈都是兵团战士,虽然都是拿工资的,但要光靠工资来养活一家七口人还是显得有点紧张。爸爸妈妈不得不带领孩子们去割草、打柴火、拾麦子。

　　每每那个时候,方方都习惯发呆。她常常呆呆站在那里,透过夕阳的余晖,她看到自己颀长的身影在空中飘扬,那是多么亮丽的一道风景线。

　　因为发呆,方方手中的镰刀不知什么时候就掉了下来,然后把她的小腿割伤了, 害得爸爸耽误了一天的时间把方方背了回去,从连队卫生所出来时,爸爸望着一拐一拐的方方长叹一声:

"你怎么生到了山里？不能干体力活怎么活呀！"

卫生员对方方的爸爸说:"这丫头就是小姐的身子,娇贵得很,你再不要让她干体力活了。"

听到卫生员的这句话,方方埋藏在心中的某个想法瞬间被触动了,她仿佛又看到余晖里自己颀长的身影飘得极远。她想也许她真的不属于这里,远处有更广阔的天空等着她去飞翔。于是她对爸爸说:"爸爸,我不是割草的料,让我去城市里读书吧！"

爸爸摇了摇头,可是方方还是离开了,从此没有人知道方方去了哪里。

3

回家后,方方给父母讲了很多大城市霓虹灯下的美妙故事,讲得他们泪眼汪汪,父亲拉着她的手说:"孩子,这些年在外面一定不容易吧？"

父亲的一句话将方方又拉到了回忆里。刚到城市的时候,方方什么也不懂。她想上学,可是没有钱。饿了两天肚子之后,她在超市找了一份收银员的工作,边打工边学习。

方方上班的小超市只有200平方米,顾客并不多。那个时候只要闲下来,她就会思考自己想做什么。图书馆中那么多书,她不知道该看哪一本;那么多新鲜的东西,她不知道该学哪一样,分外迷茫……

给方方指明方向的是一位叫李旭的人,他是当地财会学校的校长。因为在买东西时方方细心周到地为他服务,所以对其很是欣赏,后通过攀谈,他知道了方方一心要离开草原的故事,便鼓励方方好好学习,并给方方指了一个清晰的方向——报考财会学校。

有了方向,方方充满了动力,她上班积极,一下班就开始认真学习。第二年,方方考上财会学校,在李旭的帮助下,她以优异的成绩毕业,开始了自己的创业之路。

方方先是在一小区门口开了个小商店,自己进货自己卖。因为方方美丽、热情、人缘好,小店生意红红火火。小区人都喜欢上了方方的"美丽商店"。有了本钱后,方方开了一个300多平方米的超市。不久后因为互联网冲击和竞争对手的打击,超市生意亏本,方方又变得一贫如洗。后来,方方卖过服装、鞋帽,做过酒店、美容诊所、中介服务等生意,她的资产不断积累,并成家立业,买了新房,最后生意越做越大。

4

当方方提出要将父母接到大城市的时候,她的父母坚决反对。

方方不知道怎么劝说,只得将自己的那些经历讲给父母听。她说战略决定成败,方向决定道路。

她说努力的前提是方向,他们一家人不能一直待在大草原上,她在生意场上摸爬滚打这么多年,可是相对于日新月异的大城市,草原并没有多大变化。

　　她告诉父母,一个普通人要想有所作为,必须顺应大趋势,与时俱进。边缘人为什么要涌入大城市?因为大城市有更多的就业机会,这就是趋势……

　　最后,在方方的劝说下,她的父母同意和她一起回到大城市拼一拼。一线大城市人口众多,房屋需求量也越来越大,但是土地是不可再生资源,因此房价必涨。所以回到大城市后,方方决定带着家人进军一线城市的房地产行业。

　　他们借了亲戚朋友的钱,在各个大城市贷款买房子。不能干体力活的方方用智慧创造了许多故事,在大城市生活得如鱼得水,方方的智慧和优势发挥得淋漓尽致。有钱后,方方创办了一家资源型化工材料交易企业。原来被草原上的叔叔阿姨笑话的方方的资产快速积累,财富已超过亿元,成了那里知名的企业家。

　　2000年,方方把全家人都接到了城市,让整天走在草地上的,靠割草、打柴火、捡牛粪蛋过日子的家人都享受到了现代都市的文明生活。后来,弟弟妹妹在方方的带领和资助下,分别到了首都北京和美国曼哈顿工作生活。

　　2016年春节,方方一家人欢聚在深圳的家里。突然间,坐在沙发上的爸爸老泪纵横,直直地走到方方面前意味深长地说:"方方,爸爸不知道该如何感谢你,若不是你,我们全家人上哪儿享这些福去?"

　　听到这话,方方泪水一下涌了出来。她说:"其实在这个经济飞速发展的时代,每个人想要存活下来都必须努力,可是努力的前提是要找准方向,我们只有找准自己的方向,才有可能成功啊!"

　　是啊,成功的前提是要找准方向,如果一个人连自己想要什么都不知道,那又如何去谈成功呢? 方方在实践中得到了一个感悟——只要选对方向,谁都可能成功。

　　每个人都有自己的发展方向,在适合的地方干适合的事情才会有成就感,否则,那就是选择错了方向。方向错了,就很难有所收获。所以每一个渴望成功的人都切莫着急,静下心来选好方向,你要知道成功的前提就是选对方向。

你无法改变你的环境,但可以改变你的心态

希　洛

人生的旅途中,有些是无法选择的,比如出身;有些是无法改变的,比如环境;有些是难以逃避的,比如挫折;有些是无法左右的,比如命运。与其被动地承受上天的安排,不如改变自己的心态,勇敢地逆风前行!

1

坐在西塘一间叫"柳岸"的咖啡屋里,阳光透过窗,暖暖地打在我身上。

这是柳岸开的咖啡屋。

给我冲了一杯摩卡后,她就忙着去招呼顾客。现在顾客就是她的衣食父母,一点怠慢不得。

这是我第一次看到柳岸的咖啡屋,咖啡屋里充盈着书香气。咖啡屋空间不大,几张沙发桌子,两排书架,架上满满的书。

墙上画着几株兰花,几行娟秀小楷:"倾我一生一世,换取岁月静好,如若岁月静好,我亦微笑,亦不老。"

门口吧台处挂满明信片。墙角竖着吉他, 一张黑白的背影照,上面印着"我们可以失望,但不能丢掉阳光"。

窗台上两盆绿萝,叶子垂下;花瓶里几朵太阳花,很安静。

柳岸忙完,天色已晚。她看着我手里的《风从海上来》,说:"还是喜欢她的书?"我回头瞥了眼书架:"你不也是?这么多年都没变。"

"怎么没变?长大了啊。只是喜欢她的书没变而已。读她的书,心里会安静下来。觉得能从她的文字里汲取到力量。然后会努力,忘记生活中许多不开心的事,只剩下阳光。"她翻看着手中的《民国女神林徽因》,"做一个林徽因这样的女子,给人爱、给人暖,像人间四月天,多好。"

2

从没想过柳岸会开咖啡店,直到五年前柳岸爸爸去世。

柳岸曾经家境非常好,爸爸是资产过千万的公司老总。她有点傲娇,举手投足间都是富家子弟的影子。

可柳岸的世界在一夜之间轰然崩塌:

柳爸爸公司的财务专员携款逃跑,留下了烂尾的工程、一大堆债务和未发放的工人工资。变卖了家产房产、还清债务、发放完工人工资后,柳爸爸一头倒在办公室里,再也没有醒来。

柳妈妈听到消息,突发心脏病,住进了医院。

柳岸一夜之间忽然长大。她把妈妈送到医院,守着她直到她脱离生命危险,再赶去殡仪馆处理爸爸的事。

柳爸爸的葬礼很简单。昔日风光无比的总裁,其葬礼只有一些老邻旧友参加。柳岸跪坐在灵堂前,给来吊唁的人们回礼。头戴白花、臂缠黑纱的她,看起来孤单而又无助。

妈妈煮了小米粥,让我给柳岸端过去:"这孩子,一下从蜜罐掉到冰窖里,将来的日子可怎么过啊。你柳叔叔太耿直,生把家里的钱都给工人发了工资,十几处房产也都没了。好在那处破平房不值什么钱,给他们娘俩留下了,不然俩人连个安身之所都没了。"

"柳叔叔是有良心的商人,他肯定也想不到自己会这么走了。我想,柳叔叔肯定是想把欠工人的工资先还上,自己再白手起家重新创业……只是没想到老天会这么残忍。"我想起柳叔叔总是笑容满面的样子,也忍不住难过起来。

好在,柳岸还有爷爷留下的一处平房。房子虽在郊区,但至少不至于让她们无家可归。

只是一想到郊区那艰苦的环境,就替柳岸难过:她这么一个娇气的大小姐,真的能适应这么艰苦的生活吗?

3

柳叔叔的事过了不久,我到外地读大学。后来只从妈妈那里断断续续听到柳岸的情况。

柳岸每天放学都去医院陪着妈妈,给她讲笑话,逗她开心。柳妈妈慢慢从悲伤中走了出来,病也慢慢好了起来。

出院以后,娘俩搬到郊区爷爷留下的平房里住。柳岸读高三时功课很紧,她买了一辆二手电动车,每天早起骑电动车到学校上课,柳妈妈给她做好便当,中午她在学校吃,晚上再骑一小时电动车回家。

柳妈妈年轻时做得一手好女红,于是自己跑去市场买了十字绣材料,不分白天黑夜地绣,然后低价卖给店铺。就这样,再加上葬礼以后剩下的零散的钱,娘俩的生活倒也勉强撑得下去。

暑假回家,我骑了山地车去她家。

柳岸正站在葡萄架下专注地修剪葡萄藤。看我进来,放下手里的大剪子跑出来。她站在我面前,一身棉布长裙,头发挽在脑后,眉眼间都是灿烂的笑。

昔日杂草丛生的小院被清理得整洁干净。篱笆上、院门上,爬满了还没完全凋谢的紫藤花,像紫色的瀑布。通往屋子的小路两边种满了郁金香,红色黄色的,开得正盛。郁金香的间隙里,藏着几朵太阳花。

我惊诧:"你什么时候改做园艺师了?"

柳岸自豪地笑:"我一直就会啊。种什么是我想出来的,不过植物大都是妈妈在打理。她现在特别能干,又会绣花,还会打理园子。一会儿你看到她,别吃惊才好。"

柳妈妈在厨房做饭。穿着围裙的她跟记忆中珠光宝气、挎着名牌包去打牌的柳妈妈完全不像一个人,现在的柳妈妈眉目间都是恬淡和安然,跟柳岸一模一样。

屋子布置得像院里一样漂亮:雪白的墙壁,漂亮的十字绣和

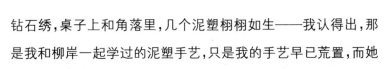

钻石绣，桌子上和角落里，几个泥塑栩栩如生——我认得出，那是我和柳岸一起学过的泥塑手艺，只是我的手艺早已荒置，而她却越捏越漂亮了。

问起读大学的事，柳岸爽快地回答："我报考苏州大学设计专业，那里离妈咪的家乡近。"

我没有问学费的事，柳岸看出我的迟疑，笑着说：

"放心。现在有助学贷款。我一边上学一边打工，四年大学没问题的。"

说话的时候，她的眼神里都是自信，跟之前那个傲娇的富家女完全不同。

我当然相信她能行：高三那年，她也是一边承受着繁重的学业压力，一边在清吧弹琴的。她学过钢琴，长得又漂亮，所以好几个酒吧都愿意请她。她最终选择了出价最低的一家清吧，她说，那里很安静，人们一边读书一边喝咖啡，就像她喜欢的西塘。

一直以为柳叔叔去世、柳妈妈生病，柳岸的生活会一片狼藉。现在看来，一个人如果心态乐观阳光，即使他改变不了环境，也一样会过得很精彩。

4

大学四年，我很少有柳岸的消息，只知道她如愿读了苏州大学，然后带着柳妈妈一起去了苏州。

妈妈说，柳妈妈回到苏州后生活得很好。她年轻时学过蜡染,到了一家蜡染坊,只干了几个月杂工就被聘为设计师。

柳妈妈设计的蜡染产品,比如小手包、单肩包、小围巾、手绘苏州地图等,价格很便宜,店家都跟她订货。旅游的人们都喜欢柳妈妈设计的有艺术气息又有纪念意义的小物件。

柳岸跟柳妈妈学了蜡染技术。她天赋很高,因此能设计出很多适合大学生口味的物品,比如民族风的头巾、帽子、双肩背包。

她还自己设计手链、项链和戒指,厂家把原料卖给她,她自己手工制作由水晶、玉髓、玛瑙、蜜蜡和银制成的手链、项链。她的设计充满灵性,小蝴蝶、小荷花都做得栩栩如生。大学室友干脆把她的作品挂到微店里,第一个月就生意兴隆,所有小饰品被抢购一空。

我大学毕业的时候,她读大三。我给她打电话,问她想进什么公司,我可以帮她做简历。

她说:"小诺姐,我想去西塘开一家咖啡厅。"

我没有太过惊诧。

从我看到柳岸拿着剪子修剪葡萄藤的那一刻,我就知道昔日那个傲娇的、像养在笼中的金丝雀一样的柳岸已经蜕变了。

她在无法改变环境和命运的时候,选择了改变自己的心态,转换自己的身份。在她选择改变的那一刻,就注定了,她的人生会焕发出与以往不一样的光彩。

5

柳岸的咖啡屋充盈着淡淡的香气,像柳岸一样。

她告诉我,柳妈妈会经常来帮她打理咖啡屋。柳岸的姥姥年轻时是苏州的大家闺秀,她煮的咖啡别有一番滋味。柳妈妈学了自己妈妈的手艺后,再教给柳岸。所以柳岸的咖啡屋总是不缺顾客。

我问她还做不做小首饰,她说:"当然做。煮咖啡很简单的。煮好了,剩下的时间就可以接着做蜡染和首饰。那是我的专业,不能丢,而咖啡屋只是我的爱好。专业和爱好,二者一定要兼得。"

我笑她贪心,她满脸阳光:"还有更贪心的呢。西塘咖啡屋白天开晚上关。所以,我想再开一间酒吧。"

我看着她踌躇满志的样子,想问她资金周转难道不会有问题。她看出我的疑惑,淡淡地笑:"别小看我做首饰和蜡染赚的钱,而且我也跟旅游区的小店铺常年有业务往来,虽然蜡染和首饰销量不大,但是也赚了一些钱。我看中的那家酒吧,老板人很好。他答应我先交一些定金,一年以后再来收全款,而且是免息的呢。"

我嗅着咖啡的香气,想起了那个被生活压迫的、坐在清吧弹琴的女孩。

6

美国总统林肯说:"命运是掌握在自己手中的,如果现实的环境自己改变不了,就要学会改变自己。"

销售大师原一平曾因拖欠房租被房东赶出,睡在长椅上。当他意识到自己改变不了现实环境的时候，他毅然选择了改变自己。然后他在这样日复一日地改变中慢慢成长。多年后，他终于以令人瞩目的模样出现在众人面前，成了在日本保险行业销量业绩第一的人。

当陷入困境、无法改变自己周边的环境的时候，很多人选择了屈从于命运；而像柳岸这样的女孩，当被命运抛进了低谷后，她们依然会让自己像太阳花一样，忘记之前的身份，忘记过去的辉煌，将一切归零，然后努力改变自己的心态，做最好的那个自己。

人生处处皆风景，是否能看得到这些优美的风景，取决于你能不能保持良好的心态。

一个人，无论处于怎样艰难的境地，只要拥有积极乐观的心态，拥有一颗为了梦想而努力的决心，最终都能爬上山顶，俯瞰山下最美丽的风景。

听过一句话："一个人是选择当一个积极乐观的心灵富翁，还是成为一个整日在焦虑中度日的心灵乞丐，完全取决于自身。"

听着咖啡屋门楣上风铃丁零的响声，我想，柳岸就是那个有着积极乐观心态的心灵富翁。